实用汉语学习丛书

幽默汉语

Chinese Humorous Stories

梁彦民 选编
邵 鸿 翻译
薛 颖 插图

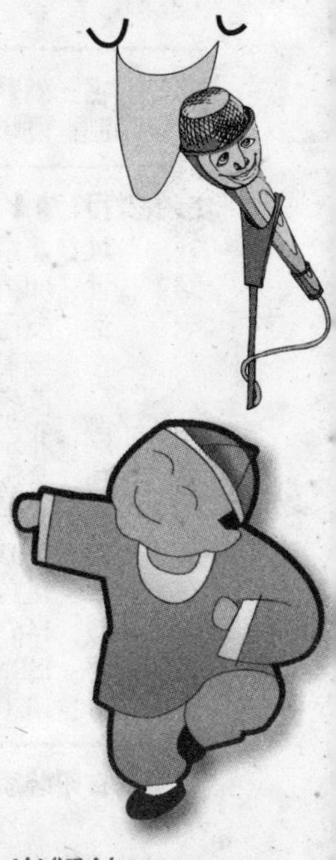

北京语言大学出版社

(京)新登字157号

图书在版编目(CIP)数据

幽默汉语/梁彦民选编；邵鸿译.
—北京：北京语言大学出版社，2005重印
(实用汉语学习丛书)
ISBN 7-5619-1165-3

Ⅰ.幽…
Ⅱ.①梁… ②邵…
Ⅲ.对外汉语教学-对照读物-汉、英
Ⅳ.H195.5

中国版本图书馆CIP数据核字(2003)第016243号

书　　名：幽默汉语
责任印制：乔学军

出版发行：北京语言大学出版社
社　　址：北京市海淀区学院路15号　邮政编码100083
网　　址：http://www.blcup.com
电　　话：发行部　82303650/3591/3651
编辑部　82303647
读者服务部　82303653/3908
印　　刷：北京北林印刷厂
经　　销：全国新华书店

版　　次：2003年12月第1版　2005年12月第2次印刷
开　　本：787毫米×1092毫米　1/32　印张：7.125
字　　数：146千字　印数：5001-10000册
书　　号：ISBN 7-5619-1165-3/H·03016
定　　价：18.00元

凡有印装质量问题本社负责调换，电话：82303590

编写说明

《幽默汉语》是配合对外汉语教材使用的课外阅读材料，适合于零起点或稍有汉语基础的外国人阅读。

我们选取语言材料时，注意贯彻了趣味性原则、真实性原则和汉语知识内在性原则。趣味性原则是我们选材的首要标准，同时尽量避免阅读材料过于幼稚、故事情节不自然的倾向，尽量克服中外文化差异，选取那些具有普遍趣味性的材料。真实性原则是指选取富于时代感的、真实鲜活同时又规范标准的汉语口语材料，让读者感受到现代生活的气氛。此外我们选材时还注意了材料能否体现汉语知识和文化信息，希望读者阅读本书的过程和汉语语言知识的内化过程统一起来，以利于汉语水平的提高。

我们选材的范围包括书籍、网站、报刊杂志，甚至于广播、台历，许多材料辗转流传，出版物转载时也未注明作者和出处，许多还是外国材料。虽然我们力争与所有作者取得联系，但仍有一些未能联系上。烦请原创作者与北京语言大学出版社取得联系，以便向您支付报酬。

编者

2002 年 12 月

Editorial Note

Chinese Humorous Stories is an after-school reading supplemented to the Chinese textbooks for the foreign beginners or those who have some basic knowledge of Chinese.

Aiming at making it interesting and easy to be understood, we adhere to the following principles during the selection of the language materials. To be interesting is our most important standard. We strive to overcome the cultural differences and select those materials of universal interest, avoiding those that are too naive and unnatural. To be authentic is our second consideration. We manage to collect the lively and standard spoken materials to enable readers to get in touch with the real, modern life of the Chinese. Thirdly, we try to make sure that the materials reflect the Chinese background knowledge and cultural message. We hope that the process of reading the book would facilitate the internalizing process of Chinese language points.

This book covers a wide range of materials selected from books, websites, magazines, newspapers, radio programs and even desk calendars. Many materials have been passed through many hands or places which are not indicated with the authors or origins, and some are even foreign materials. We've tried to get in touch with all the writers involved, but failed to reach all of them due to various reasons. We'd like to ask the original authors to contact Beijing Language and Culture University Press to get the pay.

Compilers

December, 2002

目　录
Contents

1 不安 Bù'ān

法官 ：你 在 偷 人家 珠宝 时，不
Fǎguān：Nǐ zài tōu rénjia zhūbǎo shí, bù

感到 心 里 不安 吗？
gǎndào xīn li bù'ān ma?

小偷 ：先生， 老实 说 我 当时 心
Xiǎotōu：Xiānsheng, lǎoshi shuō wǒ dāngshí xīn

里 是 很 不安，因为 我 担心
li shì hěn bù'ān, yīnwèi wǒ dānxīn

偷到 的 是 假 货。
tōudào de shì jiǎ huò.

法官	fǎguān	judge
珠宝	zhūbǎo	jewel
不安	bù'ān	uneasy
假货	jiǎ huò	fake goods

Uneasiness

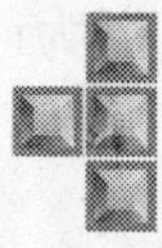

Judge：Didn't you feel uneasy when you were stealing those jewels?

Thief：Yes sir. To be honest, I did. I was afraid that they could be fake.

2 戒指 Jièzhi

警察 Jǐngchá：你为什么不报告捡到了一枚戒指，而将它据为己有呢？
Nǐ wèi shénme bú bàogào jiǎndàole yì méi jièzhi, ér jiāng tā jù wéi jǐ yǒu ne?

疑犯 Yífàn：因为戒指上清清楚楚地刻着："我永远属于你！"
Yīnwèi jièzhi shang qīngqing-chǔchǔ de kèzhe: "Wǒ yǒngyuǎn shǔyú nǐ!"

戒指	jièzhi	ring
据为己有	jù wéi jǐ yǒu	take forcible possession of
刻	kè	carve

The Ring

Policeman：Why did you keep the ring you found instead of reporting it to the police?

The suspect：'Cause it is carved clearly："I'll always belong to you."

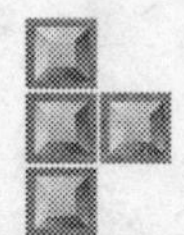

3 偷 车 的 原因
Tōu Chē de Yuányīn

法官　：你 为 什么 要 偷 这 辆 车？
Fǎguān：Nǐ wèi shénme yào tōu zhè liàng chē?

小偷　：因为 它 放 在 坟墓 旁边， 我 想 主人 肯定 是 死 了！
Xiǎotōu：Yīnwèi tā fàng zài fénmù pángbiān, wǒ xiǎng zhǔrén kěndìng shì sǐ le!

坟墓　fénmù　tomb

The Reason

Judge：Why did you steal this car?

Thief：'Cause it's parked beside the tomb. I thought its owner must have died.

4 假肢 Jiǎzhī

一家诊所里。
Yì jiā zhěnsuǒ li.

"嗯，好了，脉搏正常。"
"Èn, hǎo le, màibó zhèngcháng."

"大夫，请量左手，我的右手是假肢。"
"Dàifu, qǐng liáng zuǒ shǒu, wǒ de yòu shǒu shì jiǎzhī."

诊所	zhěnsuǒ	clinic
脉搏	màibó	pulse
假肢	jiǎzhī	artificial limb

Artificial Limb

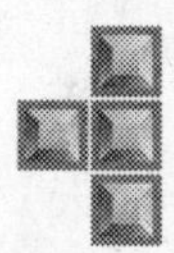

In a clinic.

"Em... all right, your pulse is normal."

"But, doctor, please check my left hand—the right is an artificial one."

5 实在可惜 Shízài Kěxī

汤姆 想 训练 他的 驴子 不 吃 东西 而 能 活下去，所以 天天 给 它 减 食。当 驴子 饿死 时，他 惋惜 地 说：“真 是 一大 损失！刚 学会 不 吃 东西 就 死 了。”

Tāngmǔ xiǎng xùnliàn tā de lǘzi bù chī dōngxi ér néng huó xiaqu, suǒyǐ tiāntiān gěi tā jiǎn shí. Dāng lǘzi èsǐ shí, tā wǎnxī de shuō: “Zhēn shì yí dà sǔnshī! Gāng xuéhuì bù chī dōngxi jiù sǐ le.”

汤姆	Tāngmǔ	Tom
驴子	lǘzi	donkey
减食	jiǎn shí	reduce food
惋惜	wǎnxī	regret
损失	sǔnshī	loss

It's Really a Pity

Tom intends to train his donkey to live without eating. He reduced the donkey's food everyday. He felt so sorry when the donkey died after some days："It's really a pity! He had just made it—but he died!"

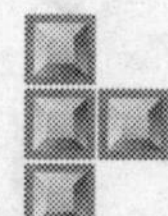

6 鸡蛋饼 Jīdànbǐng

顾客 ：先生， 这 鸡蛋饼 里 怎么
Gùkè ：Xiānsheng， zhè jīdànbǐng li zěnme

没有 鸡蛋 呢？
méiyǒu jīdàn ne?

老板 ：哎呀，先生， 你 该 不 会
Lǎobǎn ：Āiya， xiānsheng， nǐ gāi bú huì

指望 在“小白兔 饼干”里
zhǐwang zài “Xiǎobáitù Bǐnggān” li

有 兔子 吧！
yǒu tùzi ba!

鸡蛋饼	jīdànbǐng	egg pie
指望	zhǐwang	expect
小白兔饼干	Xiǎobáitù Bǐnggān	Little Rabbit biscuits

Egg Pie

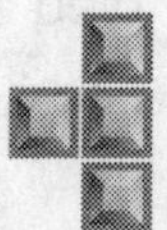

Diner：Excuse me，but why couldn't I find any egg in this what you called "egg pie"?

Restaurant owner：

Well，sir．Do you expect to find rabbits in the "Little Rabbit biscuits"?

7 高速健忘 Gāosù Jiànwàng

病人：大夫 我 的 记忆力 在 高速
Bìngrén：Dàifu, wǒ de jìyìlì zài gāosù

丧失，请 您给我治治 病 吧！
sàngshī, qǐng nín gěi wǒ zhìzhi bìng ba!

大夫：那么你得这种 病 有 多
Dàifu：Nàme nǐ dé zhè zhǒng bìng yǒu duō

长 时间 了？
cháng shíjiān le?

病人：什么 病？
Bìngrén：Shénme bìng?

高速 gāosù speedily
健忘 jiànwàng forgetful
丧失 sàngshī lose

Speedily Forget

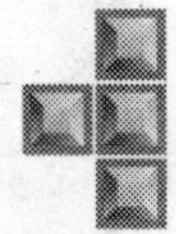

Patient：Doctor, I'm losing my memory speedily. Please do something to stop it.

Doctor：When did it begin?

Patient：When did WHAT begin?

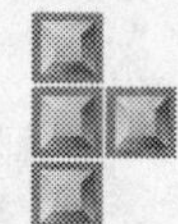

8 艾菲尔铁塔 Àifēi'ěr Tiětǎ

石油 大亨 带 妻子 来到 巴黎。
Shíyóu dàhēng dài qīzi láidào Bālí.
在 艾菲尔 铁塔 前，他 感慨 地 说：
Zài Àifēi'ěr Tiětǎ qián, tā gǎnkǎi de shuō:
"二十 年 前 我 来 这里 的 时候，这
"Èrshí nián qián wǒ lái zhèli de shíhou, zhè
座 铁塔 就 已经 竖 起来 了，遗憾 的
zuò tiětǎ jiù yǐjing shù qilai le, yíhàn de
是 直到 现在 它 也 没 采出 油 来！"
shì zhídào xiànzài tā yě méi cǎichū yóu lai!"

艾菲尔铁塔	Àifēi'ěr Tiětǎ	the Eiffel Tower
石油大亨	shíyóu dàhēng	oil magnate
巴黎	Bālí	Paris
感慨	gǎnkǎi	sigh with deep feeling
采	cǎi	collect

The Eiffel Tower

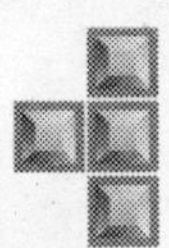

An oil magnate came to visit Paris with his wife. He sighed before the Eiffel Tower: "It had been here when I came for the first time 20 years ago, but still not even a gallon of oil had been dug out from it till today!"

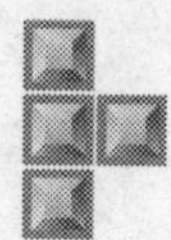

9 健忘 Jiànwàng

经理 对 女 秘书 说：“二月 十七
Jīnglǐ duì nǚ mìshū shuō：“Èryuè shíqī
号 的 会议 非常 重要，你 记着 到
hào de huìyì fēicháng zhòngyào，nǐ jìzhe dào
时候 提醒 我。”
shíhou tíxǐng wǒ.”

女 秘书 吃惊 地 回答：“这 是
Nǚ mìshū chījīng de huídá：“Zhè shì
前天 的 事 了。”
qiántiān de shì le.”

“天 哪，我 居然 忘了 参加会议！”
“Tiān na，wǒ jūrán wàngle cānjiā huìyì!”

“你 去过 了！”
“Nǐ qùguo le!”

提醒	tíxǐng	remind
居然	jūrán	unexpectedly

Forgetfulness

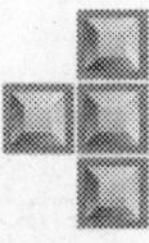

The manager said to his assistant: "There is a very important meeting on February 17th. Remember to remind me then."

The assistant answered with surprise: "It was the day before yesterday."

"Oh, my God! I missed it!"

"No, you didn't."

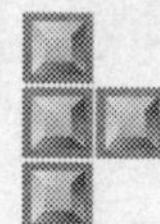

10 念数字 Niàn Shùzì

一 位 拳击 运动员 得了
Yí wèi quánjī yùndòngyuán déle
失眠症， 求助 于 医生。医生 让
shīmiánzhèng, qiúzhù yú yīshēng. Yīshēng ràng
他 睡 前 默念 数字。第二 天，这
tā shuì qián mòniàn shùzì. Dì-èr tiān, zhè
位 运动员 又 来 了，他 对 医生
wèi yùndòngyuán yòu lái le, tā duì yīshēng
说：“你 教 给 我 的 办法 没有
shuō: “Nǐ jiāo gěi wǒ de bànfǎ méiyǒu
用， 一 数 到 九， 我 就 跳
yòng, yì shǔ dào jiǔ, wǒ jiù tiào
起来 了！”
qilai le!”

拳击运动员	quánjī yùndòngyuán	boxer
失眠症	shīmiánzhèng	insomnia
默念	mòniàn	count silently

Counting

A boxer suffered from insomnia. He went to the doctor for help. The doctor advised him to count silently after he went to bed. The boxer came again the next day: "It's helpless—I would jump up whenever I counted to 9!"

11 请示 Qǐngshì

法官：法庭 对 你 的 重婚 宣判
Fǎguān：Fǎtíng duì nǐ de chónghūn xuānpàn

无 罪，你 已经 获得 自由，
wú zuì, nǐ yǐjing huòdé zìyóu,

可以 回 家 了。
kěyǐ huí jiā le.

被告：谢谢，先生。不过，为了
Bèigào：Xièxie, xiānsheng. Búguò, wèile

安全 起见，请问 我 该 回
ānquán qǐjiàn, qǐngwèn wǒ gāi huí

哪个 家？
nǎge jiā?

法庭	fǎtíng	court
重婚	chónghūn	bigamy
宣判	xuānpàn	adjudge
无罪	wú zuì	innocent

Asking for Instructions

Judge: The court adjudges you are not guilty in the charge of bigamy. You may go home as a free man.

Appellee: Thanks, your honor, but to make it safer, would you mind telling me which home I should go?

12 模范丈夫 Mófàn Zhàngfu

“我 丈夫 真 笨，既 不 会 喝 酒
“Wǒ zhàngfu zhēn bèn, jì bú huì hē jiǔ
又 不 会 赌 钱。”
yòu bú huì dǔ qián.”

“那 你 可 真 幸运，找了 一 个
“Nà nǐ kě zhēn xìngyùn, zhǎole yí ge
模范 丈夫。”
mófàn zhàngfu.”

“可是，他 不 会 喝 酒 却 偏 要
“Kěshì, tā bú huì hē jiǔ què piān yào
喝，不 会 赌 钱 却 偏 要 赌！”
hē, bú huì dǔ qián què piān yào dǔ!”

模范	mófàn	exemplary
赌钱	dǔ qián	gamble
偏	piān	deliberately

The Exemplary Husband

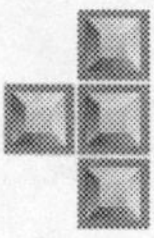

"How stupid is my husband! He can neither drink nor gamble."

"Oh, lucky you! You have an exemplary husband!"

"But, he insists drinking while he can't, insists gambling, while knowing nothing about it!"

13 尴尬 Gāngà

客人：坐在对面的那个女孩儿长得可真难看，她是谁呀？
Kèrén：Zuò zài duìmiàn de nàge nǚháir zhǎng de kě zhēn nánkàn, tā shì shuí ya?

主人：先生，她是我妹妹。
Zhǔrén：Xiānsheng, tā shì wǒ mèimei.

客人：哦，实在对不起，我没有注意到她很像你。
Kèrén：Ò, shízài duì bu qǐ, wǒ méiyǒu zhùyì dào tā hěn xiàng nǐ.

尴尬　gāngà　embarrassment

Embarrassment

Guest：How ugly is the girl sitting opposite. Who is she?

Host：She's my sister，sir.

Guest：Oh，I'm so sorry—I didn't notice that she looks like you a lot.

14 新鞋 Xīn Xié

比尔买了一双新鞋却不穿。一个星期后妻子问他："你为什么不穿那双新鞋呢？"
Bǐ'ěr mǎile yì shuāng xīn xié què bù chuān. Yí ge xīngqī hòu qīzi wèn tā: "Nǐ wèi shénme bù chuān nà shuāng xīn xié ne?"

"明天就可以穿了。买鞋时服务员对我说，头一个星期，这双鞋会有些夹脚。"
"Míngtiān jiù kěyǐ chuān le. Mǎi xié shí fúwùyuán duì wǒ shuō, tóu yí ge xīngqī, zhè shuāng xié huì yǒuxiē jiā jiǎo."

比尔	Bǐ'ěr	Bill
夹	jiā	nip

The New Shoes

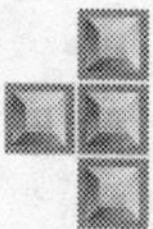

Bill bought a pair of new shoes but he didn't wear them. A week later, his wife asked him: "Why don't you wear your new shoes?"

"I'll wear them tomorrow. The clerk in the shoe store told me that they might nip my feet in the first week."

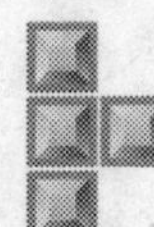

15 酒和胃 Jiǔ hé Wèi

圣诞 节，一 对 夫妇 应邀 到
Shèngdàn Jié, yí duì fūfù yìngyāo dào
邻居 家 做 客，妻子 见 丈夫 喝了
línjū jiā zuò kè, qīzi jiàn zhàngfu hēle
很 多 酒，就 低声 说道："比尔，你
hěn duō jiǔ, jiù dīshēng shuōdào: "Bǐ'ěr, nǐ
不 担心……"
bù dānxīn……"

"担心 什么？酒 是 他 家 的。"
"Dānxīn shénme? Jiǔ shì tā jiā de."

"我 知道 酒 是 他 家 的，可是，
"Wǒ zhīdào jiǔ shì tā jiā de, kěshì,
难道 胃 也 是 他 家 的 吗？"
nándào wèi yě shì tā jiā de ma?"

The Wine and the Stomach

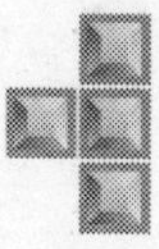

At Christmas time, a couple were invited to dinner by their neighbor. The wife whispered to her husband who had drunk a lot: "Bill, don't you care for..."

"Care for what? The wine is theirs."

"I know the wine is theirs, but is your stomach theirs, too?"

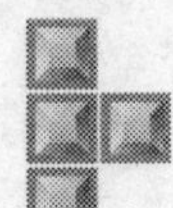

16 鱼为什么不会说话
Yú Wèi Shénme Bú Huì Shuō Huà

幼儿园 里，元元 和 晶晶 在
Yòu'éryuán li, Yuányuan hé Jīngjing zài
观赏 鱼缸 里 美丽 的 金鱼。
guānshǎng yúgāng li měilì de jīnyú.

"你 知道 鱼 为 什么 不 会 说
" Nǐ zhīdào yú wèi shénme bú huì shuō
话 吗？"
huà ma?"

"不 知道，是 为 什么？"
"Bù zhīdào, shì wèi shénme?"

"这 都 不 知道？如果 把 你 的
"Zhè dōu bù zhīdào? Rúguǒ bǎ nǐ de
头 按 在 水 里，你 能 说 话 吗？"
tóu àn zài shuǐ li, nǐ néng shuō huà ma?"

幼儿园	yòu'éryuán	kidergarten
按	àn	press

Why Couldn't Fish Speak

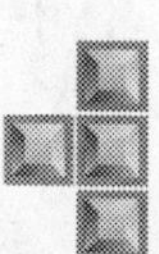

In the kidergarten, Yuanyuan and Jingjing were looking at the beautiful gold fish in the fish jar.

"Do you know why fish cannot speak?"

"I don't know. Why?"

"Obviously! Can you speak if your head is pressed into the water?"

17 两个弟弟 Liǎng Ge Dìdi

幼儿园 里，京京 问 何何：“你
Yòu’éryuán li, Jīngjing wèn Héhe: “Nǐ
不是 说过，你只有 一个 弟弟吗？”
bú shì shuōguo, nǐ zhǐ yǒu yí ge dìdi ma?”

“是 啊，我 是 只 有 一 个
“Shì a, wǒ shì zhǐ yǒu yí ge
弟弟 呀！”
dìdi ya!”

“不，一定 不是 真 的，昨天 你
“Bù, yídìng bú shì zhēn de, zuótiān nǐ
姐姐 还 说 她 有 两 个 弟弟 呢！”
jiějie hái shuō tā yǒu liǎng ge dìdi ne!”
京京 肯定 地 说。
Jīngjing kěndìng de shuō.

Two Brothers

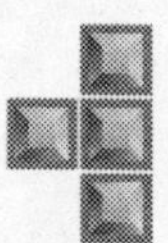

In the kidergarten，Jingjing asked Hehe：“Didn’t you tell me that you have only one brother?”

“Yes，I do have only one brother.”

“No，you must have lied. Your sister said yesterday that she had two brothers!” Jingjing said affirmatively.

18 讨厌的家伙 Tǎoyàn de Jiāhuo

汤姆 又 来 找 女友 玛丽，他 在
Tāngmǔ yòu lái zhǎo nǚyǒu Mǎlì, tā zài
客厅 里 耐心 等候 时，玛丽 四 岁
kètīng li nàixīn děnghòu shí, Mǎlì sì suì
的 弟弟 生气 地 走 出来：“讨厌 的
de dìdi shēngqì de zǒu chulai: “Tǎoyàn de
家伙，你 为 什么 总 来 找 我
jiāhuo, nǐ wèi shénme zǒng lái zhǎo wǒ
姐姐，你 自己 没有 吗？”
jiějie, nǐ zìjǐ méiyǒu ma?”

讨厌 tǎoyàn annoying
家伙 jiāhuo guy
耐心 nàixīn patiently

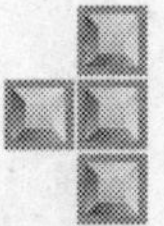

Annoying Guy

Tom came to see his girlfriend Mary again. When he was waiting patiently in the sitting room, Mary's 4-year-old little brother came out angrily: "You annoying guy! Why do you always come to see my sister? Don't you have any yourself?"

19 令人烦恼的事
Lìng Rén Fánnǎo de Shì

“彼德 是 班 上 最 淘气 的
“Bǐdé shì bān shang zuì táoqì de

孩子，”班主任 在 对 女 教师 诉苦，
háizi,” bānzhǔrèn zài duì nǚ jiàoshī sùkǔ,

“最 让 人 烦恼 的 事 是，这 孩子
“zuì ràng rén fánnǎo de shì shì, zhè háizi

从来 不 旷 课。”
cónglái bú kuàng kè.”

彼德	Bǐdé	Peter
淘气	táoqì	naughty
诉苦	sùkǔ	complain
旷课	kuàng kè	be absent from school

The Most Troublesome Thing

“Peter is the naughtiest boy in the class,” the teacher in charge of the class complained to another teacher, “the most troublesome thing is—he has never been absent from a single class!”

20 哪颗牙长得最晚
Nǎ Kē Yá Zhǎng de Zuì Wǎn

生理课上。
Shēnglǐ kè shang.

老师：哪颗牙长得最晚？
Lǎoshī：Nǎ kē yá zhǎng de zuì wǎn?

学生：假牙。
Xuésheng：Jiǎyá.

假牙	jiǎyá	false tooth

Which is the Latest Tooth

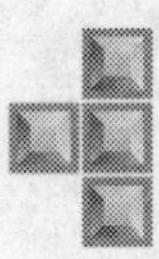

In the physiology class.

Teacher: Which is the latest tooth?

Student: The false one.

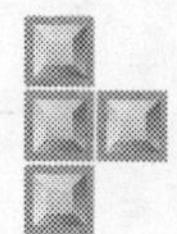

21 闪电 和 雷声
Shǎndiàn hé Léishēng

物理 课 上。
Wùlǐ kè shang.

老师 ：我们 为 什么 总是 先
Lǎoshī ：Wǒmen wèi shénme zǒngshi xiān

看到 闪电，后 听到 雷声？
kàndào shǎndiàn, hòu tīngdào léishēng?

学生 ：大概 是 因为 眼睛 长 在
Xuésheng：Dàgài shì yīnwèi yǎnjing zhǎng zài

耳朵 前边 的 缘故 吧。
ěrduo qiánbian de yuángù ba.

物理课	wùlǐ kè	physics class
闪电	shǎndiàn	lightning
雷声	léishēng	thunder
缘故	yuángù	cause; reason

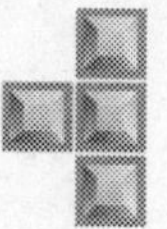

The Lightning and the Thunder

In the physics class.

Teacher：Why do we always see the lightning before we hear the thunder?

Student：“It might because our eyes are in front of our ears.”

22 拔牙 Bá Yá

下 课 了，彼得 和 汤姆 正在
Xià kè le, Bǐdé hé Tāngmǔ zhèngzài

游戏。忽然，彼得 捂着 嘴 叫了 起来：
yóuxì. Hūrán, Bǐdé wǔzhe zuǐ jiàole qǐlai:

“哎呀！我 的 牙 疼死 了！”
"Āiya! Wǒ de yá téngsǐ le!"

汤姆 说：“要是 我 的 牙 这么
Tāngmǔ shuō: "Yàoshi wǒ de yá zhème

疼，我 早 就 把 它 拔掉 了！”
téng, wǒ zǎo jiù bǎ tā bádiào le!"

彼得 说：“要是 你 的 牙，我 也
Bǐdé shuō: "Yàoshi nǐ de yá, wǒ yě

早 就 把 它 拔掉 了！”
zǎo jiù bǎ tā bádiào le!"

拔(牙)	bá(yá)	pull out (a tooth)
捂	wǔ	seal; cover

Pulling Out a Tooth

Peter and Tom were playing after class. Suddenly, Peter cried out with his hand covering his mouth: "God, my tooth is killing me!"

Tom: "If the tooth were mine, I should have had it pulled out long before!"

Peter: "If the tooth were yours, I should have had it pulled out long before, too!"

23 请求改题 Qǐngqiú Gǎi Tí

在 语文 课 上，女 教师 给
Zài yǔwén kè shang，nǚ jiàoshī gěi
孩子们 出 的 作文 题目 是《如果 我
háizimen chū de zuòwén tímù shì《Rúguǒ Wǒ
得到 三百 万 美元，我 将要
Dédào Sānbǎi Wàn Měiyuán，Wǒ Jiāngyào
做 什么》。
Zuò Shénme》.

过了 半 小时，一 个 小 男孩 手
Guòle bàn xiǎoxhí，yí ge xiǎo nánhái shǒu
里 举着 两 张 计算得 密密麻麻 的
li jǔzhe liǎng zhāng jìsuàn de mìmi-mámá de
纸 站 起来 说：“请问，老师，能 不
zhǐ zhàn qilai shuō：“Qǐngwèn，lǎoshī，néng bu
能 改成 三百 一十 万，我 算了
néng gǎichéng sānbǎi yīshí wàn，wǒ suànle
半天，三百 万 恐怕 不 够。”
bàntiān，sānbǎi wàn kǒngpà bú gòu.”

密密麻麻　mìmi-mámá　thickly dotted

Asking for Changing the Title

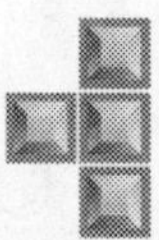

In the composition class, the teacher gave her students a composition title "What I Would Do If I Were Given 3 Million Dollars".

After half an hour, a little boy stood up holding 2 pages of paper thickly written with calculation: "Excuse me, madam, could you please change the title into 3.1 million? I calculated it over and over, but 3 million doesn't seem to be enough."

24 谁的过错 Shuí de Guòcuò

爸爸：你 难道 不 难为情 吗？现在
Bàba：Nǐ nándào bù nánwéiqíng ma? Xiànzài

你 是 班 里 最 差 的
nǐ shì bān li zuì chà de

学生 了！
xuésheng le!

儿子：是 老师 让 我们 班 最 差 的
Érzi：Shì lǎoshī ràng wǒmen bān zuì chà de

学生 转学 走 了，难道
xuésheng zhuǎnxué zǒu le, nándào

是 我 的 过错 吗？
shì wǒ de guòcuò ma?

难为情 nánwéiqíng ashamed; embarrassed
转学 zhuǎnxué transfer

Whose Fault

Father: Don't you feel ashamed? You are the worst student in the class now.

Son: It's the teacher who persuaded the worst student in our class transferred to another school. Is it my fault?

25 作弊 Zuòbì

“杰克 考试 作弊 被 抓住 了，你
“Jiékè kǎoshì zuòbì bèi zhuāzhù le, nǐ
听说 了 吗？”
tīngshuō le ma?”

“没有，怎么 回 事？”
“Méiyǒu, zěnme huí shì?”

“他 考试 时，把 手 伸进 衣服
“Tā kǎoshì shí, bǎ shǒu shēnjìn yīfu
里 数 自己 的 肋骨。”
li shǔ zìjǐ de lèigǔ.”

“那 又 怎么 了？”
“Nà yòu zěnme le?”

“那 是 人体 解剖 课 考试。”
“Nà shì réntǐ jiěpōu kè kǎoshì.”

作弊	zuòbì	cheat (in an exam)
杰克	Jiékè	Jack
肋骨	lèigǔ	rib
人体解剖课	réntǐ jiěpōu kè	human anatomy class

Cheating in the Exam

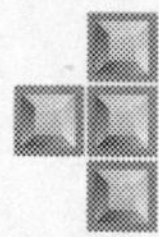

"Have you heard that Jack was caught cheating in the exam?"

"No I haven't. What's the matter?"

"During the exam, he reached his hand into his clothes to count his ribs."

"Then what?"

"That was the human anatomy exam."

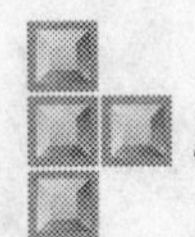

26 地球的形状 Dìqiú de Xíngzhuàng

老师问小莫："地球是什么形状的?"
Lǎoshī wèn Xiǎo Mò: "Dìqiú shì shénme xíngzhuàng de?"

小莫回答："是圆的。"
Xiǎo Mò huídá: "Shì yuán de."

"那你怎么知道是圆的呢?"
"Nà nǐ zěnme zhīdào shì yuán de ne?"

"那就算它是方的吧，您是老师，我不想就这个问题跟您争论。"
"Nà jiù suàn tā shì fāng de ba, nín shì lǎoshī, wǒ bù xiǎng jiù zhège wèntí gēn nín zhēnglùn."

形状	xíngzhuàng	shape
方	fāng	square

Shape of the Earth

The teacher asked Xiao Mo："What's the shape of the earth?"

Xiao Mo answered："... It's round."

"How do you know that?"

"Well，let's say it's square. You are the teacher，I don't mean to argue with you about it."

27 作业 Zuòyè

杰克 上 课 迟到了 四十 多 分钟。
Jiékè shàng kè chídàole sìshí duō fēnzhōng.

"你 为 什么 这么 晚 才 来?" 女 教师 质问 他。
"Nǐ wèi shénme zhème wǎn cái lái?" Nǚ jiàoshī zhìwèn tā.

"我 遭到了 武装 暴徒 的 袭击。"
"Wǒ zāodàole wǔzhuāng bàotú de xíjī."

"天 哪, 他们 抢走了 你 的 什么 东西?"
"Tiān na, tāmen qiǎngzǒule nǐ de shénme dōngxi?"

"作业。"
"Zuòyè."

质问	zhìwèn	question
武装暴徒	wǔzhuāng bàotú	armed robber
袭击	xíjī	attack
抢	qiǎng	rob

The Homework

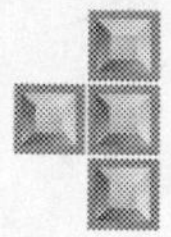

Jack was 40 minutes late for his class.

"Why do you come so late?" asked the teacher.

"I was attacked by some armed robbers."

"Oh, dear. What did they rob from you?"

"My homework."

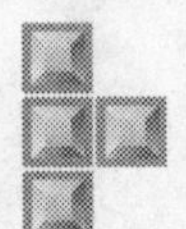

28 注意 你的 同桌
Zhùyì Nǐ de Tóngzhuō

老师 要求 大家 写 一篇 作文，
Lǎoshī yāoqiú dàjiā xiě yì piān zuòwén,
题目 是《我 长大了 要 干 什么》。
tímù shì《Wǒ Zhǎngdàle Yào Gàn Shénme》.

菲利普 写道：“我 长大 以后
Fēilìpǔ xiědào: “Wǒ zhǎngdà yǐhòu
要 当 一 名 警察，帮助 大家 抓
yào dāng yì míng jǐngchá, bāngzhù dàjiā zhuā
坏人。”
huàirén.”

老师 的 评语 是：“很 好，但
Lǎoshī de píngyǔ shì: “Hěn hǎo, dàn
首先 要 注意 你的 同桌 罗伯特，
shǒuxiān yào zhùyì nǐ de tóngzhuō Luóbótè,
他 长大 以后 要 去 抢 银行。”
tā zhǎngdà yǐhòu yào qù qiǎng yínháng.”

菲利普	Fēilìpǔ	Philip
评语	píngyǔ	comment
罗伯特	Luóbótè	Robert

Pay Attention to Your Desk Mate

The teacher asked the students to write a composition entitled "What Shall I Do When I Grow Up?"

Philip wrote: "When I grow up, I want to be a policeman helping people catch evil-doers."

The teacher commented: "Very good. But you should pay attention to your desk mate first—he will be a bank robber when he grows up."

29 数学老师 Shùxué Lǎoshī

托尼 放 学 回到 家。
Tuōní fàng xué huídào jiā.

妈妈：亲爱 的 孩子，你们 新 来 的 数学 老师 怎么样？
Māma：Qīn'ài de háizi, nǐmen xīn lái de shùxué lǎoshī zěnmeyàng?

托尼：人 倒是 挺 随和 的。
Tuōní：Rén dàoshì tǐng suíhe de.

妈妈：那 不 挺 好 吗？
Māma：Nà bù tǐng hǎo ma?

托尼：就是 说话 没 准儿，一会儿 说 二 加 四 等于 六，一会儿 又 说 一 加 五 等于 六。
Tuōní：Jiùshì shuōhuà méi zhǔnr, yíhuìr shuō èr jiā sì děngyú liù, yíhuìr yòu shuō yī jiā wǔ děngyú liù.

托尼	Tuōní	Tony
随和	suíhe	amiable; obliging; easy-going
没准儿	méi zhǔnr	maybe; probably; perhaps
等于	děngyú	be equal to

The Math Teacher

Tony went home after school.

Mother: Hi, sweetie, how about your new math teacher?

Tony: Well, he's an easy-going man.

Mother: Doesn't that sound good?

Tony: But his words are not so reliable sometimes. He told us 4 plus 2 is 6, but after a while, he said 1 plus 5 is 6.

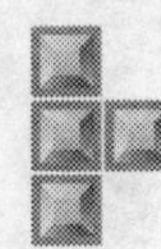

30 热心助人 Rèxīn Zhùrén

一位 教士 经过 一 家 门口，
Yí wèi jiàoshì jīngguò yì jiā ménkǒu,
看见 一 个 男孩 在 使劲 蹦 跳 却
kànjiàn yí ge nánhái zài shǐjìn bèng tiào què
按 不 着 门铃，便 走 过去 帮 他
àn bu zháo ménlíng, biàn zǒu guoqu bāng tā
按响 了，然后 温和 地 问道："小
ànxiǎng le, ránhòu wēnhé de wèndào: "Xiǎo-
朋友，还 需要 我 干 什么 吗？"
péngyǒu, hái xūyào wǒ gàn shénme ma?"

男孩 一边 拔脚 一边 回答："还
Nánhái yìbiān bá jiǎo yìbiān huídá: "Hái
等 什么？快 跟 我 一起 跑 吧！"
děng shénme? Kuài gēn wǒ yìqǐ pǎo ba!"

教士	jiàoshì	priest
使劲	shǐjìn	exert oneself
(按)门铃	(àn)ménlíng	(press the) doorbell
温和	wēnhé	tenderly
拔脚	bá jiǎo	start running

Kind Help

A priest passed by a neighborhood and saw a little boy jumped to touch one of the doorbells. He went up and helped him ringing it, then he asked tenderly: "What else can I do for you, my son?"

The boy answered while started running: "What are you waiting for? Run!"

31 不爱哥哥 Bú Ài Gēge

老师 对 学生 说："爱是 金钱
Lǎoshī duì xuésheng shuō："Ài shì jīnqián

买 不 到 的。"为了 让 孩子们 更加
mǎi bu dào de." Wèile ràng háizimen gèngjiā

信服，他 举 例 说："假如 我 出 一百
xìnfú, tā jǔ lì shuō："Jiǎrú wǒ chū yìbǎi

美元，能 让 你们 不 爱 自己 的
měiyuán, néng ràng nǐmen bú ài zìjǐ de

父母 吗？显然 不能。"
fùmǔ ma? Xiǎnrán bù néng."

教室 里 一片 安静，忽然 有 个
Jiàoshì li yí piàn ānjìng, hūrán yǒu ge

很 小 的 声音 说："我 要是 不 爱
hěn xiǎo de shēngyīn shuō："Wǒ yàoshi bú ài

哥哥，先生，你 肯 出 多少 钱？"
gēge, xiānsheng, nǐ kěn chū duōshao qián?"

信服	xìnfú	convincing
举例	jǔ lì	give an example
显然	xiǎnrán	obviously

If I Stop Loving My Brother

The teacher said to his students："Love is not something you can buy with money." To convince his children，he gave an example："If I pay 100 dollars，could it make you stop loving your parents? Obviously not."

There was a silence in the classroom when suddenly a tiny voice rose："If I stop loving my brother，how much would you pay then?"

32 我们不能结婚
Wǒmen Bù Néng Jié Hūn

一个小男孩问经常跟他
Yí ge xiǎo nánhái wèn jīngcháng gēn tā

一起玩的女孩海伦："等你
yìqǐ wán de nǚhái Hǎilún: "Děng nǐ

长大了，愿意跟我结婚吗？"
zhǎngdà le, yuànyi gēn wǒ jié hūn ma?"

"那可不行，虽然我很爱你，
"Nà kě bù xíng, suīrán wǒ hěn ài nǐ,

但是我不能跟你结婚。"
dànshì wǒ bù néng gēn nǐ jié hūn."

"为什么呢？"
"Wèi shénme ne?"

"在 我们 家 里，只有 自家人 才
"Zài wǒmen jiā li， zhǐyǒu zìjiārén cái

能 结 婚，爸爸 娶了 妈妈，奶奶 嫁
néng jié hūn， bàba qǔle māma， nǎinai jià

给 了 爷爷，都 是 这样 的。"
gěi le yéye， dōu shì zhèyàng de."

海伦 Hǎilún Helen
自家人 zìjiārén family member(s)

We Can Not Get Married

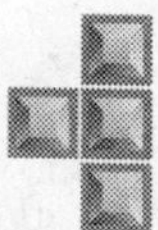

A little boy asks Helen, the little girl who he often plays with: "would you like marry me when you grow up?"

"No, it's impossible! Though I love you so, still I can not marry you."

"Why not?"

"'Cause in my family, only people from the same family could marry each other— daddy married mummy, grandpa married granny,... all like these."

33 在哭的孩子 Zài Kū de Háizi

过路人：孩子，你 哭 什么？
Guòlùrén：Háizi， nǐ kū shénme?

孩子：我 把 一 个 铜板 弄 丢 了。
Háizi：Wǒ bǎ yí ge tóngbǎn nòng diū le.

过路人：别 哭 了，我 给 你 一 个。
Guòlùrén：Bié kū le， wǒ gěi nǐ yí gè.

孩子 接过 铜板，又 哭 了。
Háizi jiēguo tóngbǎn，yòu kū le.

过路人：你 现在 不 是 有 一 个 铜板 了 吗，为 什么 还 哭？
Guòlùrén：Nǐ xiànzài bú shì yǒu yí ge tóngbǎn le ma， wèi shénme hái kū?

孩子：如果 那个 铜板 不 丢掉，
Háizi：Rúguǒ nàge tóngbǎn bù diūdiào，

我 现在 就 有 两 个
wǒ xiànzài jiù yǒu liǎng ge
铜板 了！
tóngbǎn le!

铜板　　tóngbǎn　　coin

The Crying Boy

Passerby：Son，why are you crying?

Kid：I lost my coin.

Passerby：Stop crying then，here is one for you.

The kid took the coin and cried again.

Passerby："Haven't you got your coin? What are you still crying for?"

Kid："If I hadn't lost the first one，I've had two now."

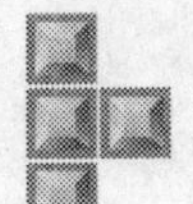

34 他 刚 去过 动物园
Tā Gāng Qùguo Dòngwùyuán

一位 妇女 抱着 孩子 站在
Yí wèi fùnǚ bàozhe háizi zhàn zài

银行 的 窗口 前，孩子 一边 吃着
yínháng de chuāngkǒu qián, háizi yìbiān chīzhe

香蕉， 一边 把 香蕉 从 窗口
xiangjiāo, yìbiān bǎ xiāngjiāo cóng chuāngkǒu

塞 给 出纳员。出纳员 微笑着 摇了
sāi gěi chūnàyuán. Chūnàyuán wēixiàozhe yáole

摇 头。
yáo tóu.

“亲爱 的，别 这样。”孩子 的
“Qīn'ài de, bié zhèyàng.” Háizi de

妈妈 说，然后 她 又 转 头 对
māma shuō, ránhòu tā yòu zhuǎn tóu duì

出纳员 说：“对 不 起，他 刚
chūnàyuán shuō: “Duì bu qǐ, tā gāng

去过 动物园。”
qùguo dòngwùyuán.”

抱	bào	carry in the arms
塞	sāi	fill in
出纳员	chūnàyuán	cashier

He Just Came Back from the Zoo

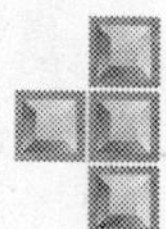

A woman stood at the window of the bank. The baby in her arms kept trying to hand over a banana to the cashier through the window while he was eating it himself. The cashier declined with a smile.

"No, sweetie," said the mother, then she turned to the cashier: "Sorry for that—he just came back from the zoo."

35 我也不会 Wǒ Yě Bú Huì

杰克 是 学校 里 经常 惹 是
Jiékè shì xuéxiào li jīngcháng rě shì

生 非 的 学生。
shēng fēi de xuésheng.

一 次 考试 后，老师 坚持 杰克
Yí cì kǎoshì hòu, lǎoshī jiānchí Jiékè

应该 退学，原因 是 考试 时 杰克
yīnggāi tuìxué, yuányīn shì kǎoshì shí Jiékè

抄袭 同桌 苏珊 的 答案。
chāoxí tóngzhuō Sūshān de dá'àn.

杰克 的 妈妈 很 生气 地 问
Jiékè de māma hěn shēngqì de wèn

老师："既然 是 同桌，你 怎么 知道
lǎoshī: "Jìrán shì tóngzhuō, nǐ zěnme zhīdào

是 杰克 抄袭 苏珊 的 答案，而 不 是
shì Jiékè chāoxí Sūshān de dá'àn, ér bú shì

苏珊 抄袭 杰克 的 呢？"
Sūshān chāoxí Jiékè de ne?"

老师 指着 试卷 说："你 自己 看
Lǎoshī zhǐzhe shìjuàn shuō: "Nǐ zìjǐ kàn

吧，苏珊 不 知道 这个 问题 的 答案，
ba, Sūshān bù zhīdào zhège wèntí de dá'àn,

她 写 的 是'我 不 会'；而 杰克 写 的
tā xiě de shì 'Wǒ bú huì'; ér Jiékè xiě de

是'我 也 不 会'。"
shì 'Wǒ yě bú huì'."

惹是生非	rě shì shēng fēi	stir up trouble
退学	tuìxué	drop out
抄袭	chāoxí	copy
苏珊	Sūshān	Susan

I Don't Know Either

Jack was the troublemaker in school.

After an exam, the teacher insisted that Jack should leave the school because he cheated in the exam by copying the answers of his desk mate Susan.

Jack's mother came to query the teacher: "Since they are desk mates, what made you so sure that it was Jack who copied Susan's answer, but not the opposite situation?"

The teacher pointed to the paper, "Here you see, Susan didn't know the answer of this question, so she wrote: 'I don't know.'; but Jack wrote: 'I don't know either.'."

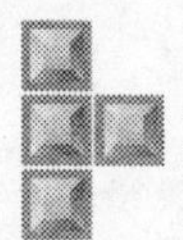

36 胡萝卜 和 卷心菜
Húluóbo hé Juǎnxīncài

琼斯 小姐 在 一 所 小学 教
Qióngsī xiǎojiě zài yì suǒ xiǎoxué jiāo

数学。她 教 的 班 里 都 是 八 岁
shùxué. Tā jiāo de bān li dōu shì bā suì

左右 的 孩子，他们 的 算术 学 得
zuǒyòu de háizi, tāmen de suànshù xué de

不 太 好，琼斯 小姐 总是 尽力 把
bú tài hǎo, Qióngsī xiǎojiě zǒngshì jìnlì bǎ

算术 课 上 得 既 实用 又 有趣。
suànshù kè shàng de jì shíyòng yòu yǒuqù.

一 天，琼斯 小姐 给 学生
Yì tiān, Qióngsī xiǎojiě gěi xuésheng

出了 一 道 题："假设 你们 去 市场
chūle yí dào tí: "Jiǎshè nǐmen qù shìchǎng

买 菜，两 个 胡萝卜 要 花 十二
mǎi cài, liǎng ge húluóbo yào huā shí'èr

便士，买 一 打 胡萝卜 要 花 多少
biànshì, mǎi yì dá húluóbo yào huā duōshao

钱 呢？"
qián ne?"

学生们 开始 在 练习本 上 计算，过了 很 久，一 个 男生 举 手 说：“老师，请 您 把 问题 重复 一 遍，好 吗？”
Xuéshengmen kāishǐ zài liànxíběn shang jìsuàn, guòle hěn jiǔ, yí ge nánshēng jǔ shǒu shuō: “Lǎoshī, qǐng nín bǎ wèntí chóngfù yí biàn, hǎo ma?”

琼斯 小姐 开始 重复：“假设 两 个 胡萝卜 要 花……”
Qióngsī xiǎojiě kāishǐ chóngfù: “Jiǎshè liǎng ge húluóbo yào huā……”

但 那个 男生 打断了 她 的 话：“哦，是 胡萝卜 呀！我 一直 当做 卷心菜 来 计算 呢！”
Dàn nàge nánshēng dǎduànle tā de huà: “Ò, shì húluóbo ya! Wǒ yìzhí dàngzuò juǎnxīncài lái jìsuàn ne!”

琼斯	Qióngsī	Jones
算术	suànshù	maths
打	dá	dozen
胡萝卜	húluóbo	carrot
卷心菜	juǎnxīncài	cabbage

Carrot and Cabbage

Miss Jones taught math in school. The students in her class were around 8 years old and not so good at math. So Miss Jones always tried her best to make the lessons useful and interesting.

One day, Miss Jones asked her students a question: "You go to the market to buy some vegetable, if 2 carrots cost 12 pennies, how much it would cost you to buy a dozen of them?"

The students began to calculate on their exercise books. After quite a moment, a boy raised his hand and asked: "Miss Jones, could you please repeat your question again?"

Miss Jones began repeating it: "If 2 carrots cost..."

But she was stopped by the boy: "Oh, they are carrots! I've been calculating them as cabbages."

37 “爸爸”和“妈妈” “Bàba” hé “Māma”

一个 足球 打碎 玻璃，落 在
Yí ge zúqiú dǎsuì bōli, luò zài

米勒 太太 的 厨房。一会儿，一 个
Mǐlè tàitai de chúfáng。 Yíhuìr, yí ge

八九 岁 的 孩子 敲 门 进来 说：“我
bā-jiǔ suì de háizi qiāo mén jìnlai shuō：“ wǒ

爸爸 马上 会 来 给 您 装 新
bàba mǎshàng huì lái gěi nín zhuāng xīn

玻璃。”果然 不 错，五六 分钟
bōli.” Guǒrán bú cuò, wǔ-liù fēnzhōng

以后，一 个 男 的 来 安装 玻璃。
yǐhòu, yí ge nán de lái ānzhuāng bōli.

米勒 太太 就 把 足球 还 给 孩子，
Mǐlè tàitai jiù bǎ zúqiú huán gěi háizi,

孩子 走 了。
háizi zǒu le.

那 人 把 玻璃 装好 后，说：
Nà rén bǎ bōli zhuānghǎo hòu, shuō：

“十 块 钱。”
“Shí kuài qián.”

“什么？你不是他爸爸？”米勒太太问。
“Shénme? Nǐ bú shì tā bàba?” Mǐlè tàitai wèn.

“什么？你不是他妈妈？”
“Shénme? Nǐ hú shì tā māma?”

米勒	Mǐlè	Miller
装	zhuāng	fix

“Daddy” and “Mummy”

A football broke the window before it dropped into Mrs. Miller's kitchen. After a while, a little boy of 8 or 9 knocked in and said: “My dad will come to fix it up in a minute.” As expected, after 5 or 6 minutes, a guy came to fix the glass. So Mrs. Miller returned the football to the boy and let him go.

After he fixed up the glass, the guy said: “10 dollars.”

“What? You're not his father?” asked Mrs. Miller.

“What? You're not his mother?”

38 还是哭吧 Háishi Kū ba

半夜，一个小男孩突然哭了
Bànyè, yí ge xiǎo nánhái tūrán kūle
起来，孩子的爸爸急忙对妻子
qǐlai, háizi de bàba jímáng duì qīzi
说："赶快唱一支催眠曲，不要
shuō: "Gǎnkuài chàng yì zhī cuīmiánqǔ, bú yào
吵了邻居。"妻子刚唱了两句，
chǎole línjū." Qīzi gāng chàngle liǎng jù,
就听见隔壁传来喊声："还是
jiù tīngjiàn gébì chuánlái hǎnshēng: "Háishi
让孩子哭吧！"
ràng háizi kū ba!"

催眠曲	cuīmiánqǔ	lullaby
隔壁	gébì	next door

Better Let Him Cry

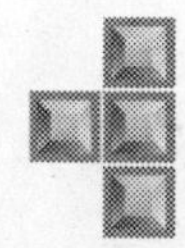

In the midnight, a little boy burst into crying suddenly. The father hastened his wife: "Hurry. Sing him a lullaby. Don't let him bother the neighbors." No sooner than his wife began singing, a cry came from the next door: "Please! Better let the baby cry."

39 化妆品 Huàzhuāngpǐn

在 商场 柜台前，一位 小姐
Zài shāngchǎng guìtái qián, yí wèi xiǎojiě

拿起 一 瓶 化妆品， 怀疑 地 问：
náqǐ yì píng huàzhuāngpǐn, huáiyí de wèn:

“这 东西 有 什么 用？” “有 什么
“Zhè dōngxi yǒu shénme yòng?” “Yǒu shénme

用？” 站 在 旁边 的 经理 非常
yòng?” Zhàn zài pángbiān de jīnglǐ fēicháng

生 气地 把 一 位 年轻 的 服务员
shēng qì de bǎ yí wèi niánqīng de fúwùyuán

拉 过来 说：“妈， 让 这 位 小姐
lā guolai shuō: “Mā, ràng zhè wèi xiǎojiě

看看 你 的 皮肤！”
kànkan nǐ de pífū!”

化妆品	huàzhuāngpǐn	make -up
柜台	guìtái	counter
皮肤	pífū	skin

The Make-up

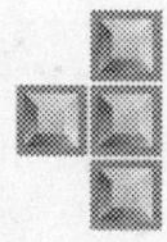

Before the make-up counter, a young lady took up a bottle of make-up and asked with doubt: "Does it work?" " Does it work?!" The manager standing by was so angry that he pulled over a young assistant and said: "Mom, show your skin to this lady!"

40 最 糟糕 的 事情
Zuì Zāogāo de Shìqing

老师：难道 还 有 什么 事情 比 我们 咬开 一 个 苹果 时，发现 里面 有 一 条 虫子 更 糟糕 的 吗？
Lǎoshī：Nándào hái yǒu shénme shìqing bǐ wǒmen yǎokāi yí ge píngguǒ shí, fāxiàn lǐmiàn yǒu yì tiáo chóngzi gèng zāogāo de ma?

学生：有，发现 虫子 只 剩下 半 条 了！
Xuésheng：Yǒu, fāxiàn chóngzi zhǐ shèngxia bàn tiáo le!

虫子 chóngzi worm

The Most Awful Thing

Teacher：Couldn't there be anything worse than bitting an apple to find a worm there?

Student：Yes, to find a half of it.

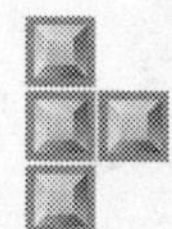

41 邮箱时装 Yóuxiāng Shízhuāng

一个顾客 生 气地跑进 裁缝
Yí ge gùkè shēng qì de pǎojìn cáifeng

店，指着裁缝 给他设计的 时装
diàn, zhǐzhe cáifeng gěi tā shèjì de shízhuāng

说："我站 在街道拐角 打哈欠，
shuō: "Wǒ zhàn zài jiēdào guǎijiǎo dǎ hāqian,

两 个人把信塞进我的嘴里！"
liǎng ge rén bǎ xìn sāijìn wǒ de zuǐ li!"

时装	shízhuāng	fashionable dress
裁缝(店)	cáifeng(diàn)	tailor('s)
设计	shèjì	design
拐角	guǎijiǎo	corner
打哈欠	dǎ hāqian	yawn

Fashionable Postbox

A customer ran into the tailor's angrily. He pointed to his clothes designed by the tailor and complained: "When I was standing by the corner of the street and yawning, two guys came to put their letters into my mouth!"

42 太太至上 Tàitai Zhìshàng

一 对 新婚 夫妇，新房 里 贴着
Yí duì xīnhūn fūfù, xīnfáng li tiēzhe

家规，上面 写着：
jiāguī, shàngmian xiězhe:

“第一 条，太太 永远 是
“Dì-yī tiáo, tàitai yǒngyuǎn shì

对 的。”
duì de.”

“第二 条，如果 太太 错 了，请
“Dì-èr tiáo, rúguǒ tàitai cuò le, qǐng

参阅 第一 条。”
cānyuè dì-yī tiáo.”

至上	zhìshàng	supreme
家规	jiāguī	family rule
参阅	cānyuè	refer to

Wife Is the Paramountcy

There are some family rules on the wall of a new couple's home：

"Rule No. 1，the wife is always right."

"Rule No. 2，if the wife is wrong，please refer to the Rule No. 1."

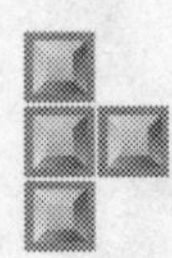

43 无缘无故 Wú Yuán Wú Gù

山姆 再婚 了，他 对 年轻
Shānmǔ zàihūn le, tā duì niánqīng

漂亮 的 妻子 说：“亲爱 的，现在
piàoliang de qīzi shuō: “Qīn'ài de, xiànzài

我 应该 告诉 你，我 有 一 个 缺点，
wǒ yīnggāi gàosu nǐ, wǒ yǒu yí ge quēdiǎn,

我 经常 无 缘 无 故 地 吃 醋。”
wǒ jīngcháng wú yuán wú gù de chī cù.”

妻子 听 了，笑着 说：“亲爱
Qīzi tīng le, xiàozhe shuō: “Qīn'ài

的，你 就 放 心 吧，我 不 会 让 你
de, nǐ jiù fàng xīn ba, wǒ bú huì ràng nǐ

无 缘 无 故 地 吃 醋 的。”
wú yuán wú gù de chī cù de.”

无缘无故	wú yuán wú gù	without any reason
山姆	Shānmǔ	Sam
再婚	zàihūn	marry again
吃醋	chī cù	be jealous

Without Any Reason

Sam got married again. He said to his beautiful young wife："Darling, I think I should tell you now, I have a shortcoming that I am often jealous without any reason."

His wife smiled："Don't worry, honey, I won't let you feel jealous without any reason."

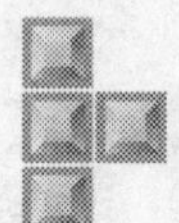

44 七点了，快起床
Qī Diǎn le, Kuài Qǐ Chuáng

一对夫妻吵架之后，一整天都互相不理睬对方。
Yí duì fūqī chǎo jià zhīhòu, yì zhěng tiān dōu hùxiāng bù lǐcǎi duìfāng.

晚上睡觉以前，丈夫写了一张纸条，放在妻子床头："明天早上七点叫醒我。"
Wǎnshang shuì jiào yǐqián, zhàngfu xiěle yì zhāng zhǐtiáo, fàng zài qīzi chuángtóu: "Míngtiān zǎoshang qī diǎn jiàoxǐng wǒ."

第二天，丈夫醒来时已经九点多了。他正要发火，忽然发现自己床头也有一张纸条，上面写着："七点了，快起床。"
Dì-èr tiān, zhàngfu xǐnglái shí yǐjing jiǔ diǎn duō le. Tā zhèng yào fā huǒ, hūrán fāxiàn zìjǐ chuángtóu yě yǒu yì zhāng zhǐtiáo, shàngmian xiězhe: "Qī diǎn le, kuài qǐ chuáng."

吵架	chǎo jià	quarrel
理睬	lǐcǎi	show interest in
发火	fā huǒ	lose temper

It's 7 O'clock. Get Up Now.

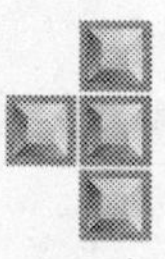

A couple hadn't talked to each other for a whole day after a quarrel.

Before they went to bed, the husband wrote a note and put it beside his wife's pillow: "Please wake me up at 7 o'clock tomorrow morning."

It was already 9 when the husband woke up the next day. He found there was also a note beside his pillow just before he lost his temper, it said: "It's 7 O'clock, get up now."

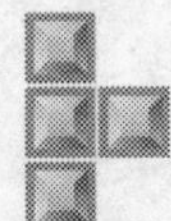

45 料事如神 Liào Shì Rú Shén

林太太对丈夫管得很严。
Lín tàitai duì zhàngfu guǎn de hěn yán.
一天，林太太有事回娘家去了，
Yì tiān, Lín tàitai yǒu shì huí niángjia qù le,
于是林先生想趁机到街上
yúshì Lín xiānsheng xiǎng chènjī dào jiēshang
去逛逛。他换上很少穿
qù guàngguang. Tā huànshang hěn shǎo chuān
的名贵西装后，从口袋里
de míngguì xīzhuāng hòu, cóng kǒudài li
发现了一张纸条，上面写着：
fāxiànle yì zhāng zhǐtiáo, shàngmian xiězhe:

"穿 得 这么 整齐，又 想 到
"Chuān de zhème zhěngqí, yòu xiǎng dào

哪儿 去？"
nǎr qù?"

料事如神	liào shì	(foretell with)
	rú shén	miraculous accuracy
严	yán	strict
趁机	chènjī	take a chance
逛逛	guàngguang	stroll
名贵	míngguì	costly

Miraculous Accuracy

Mrs. Lin is very nervous with her husband. One day, she went back to her parents and Mr. Lin wanted to take this chance to go out for some fun. So, he put on his costly suit, and found a note in one of its pockets. It said, "So well dressed, where are you going then?"

46 钓鱼 Diào Yú

父亲：我 的 女儿，你 怎么 还 不 结 婚？
Fùqin：Wǒ de nǚ'ér, nǐ zěnme hái bù jié hūn?

女儿：谈了 二十 多 个 男朋友，我 都 不 满意，我 想 再 等 一 等，找 个 最 理想 的。
Nǚ'ér：Tánle èrshí duō ge nánpéngyou, wǒ dōu bù mǎnyì, wǒ xiǎng zài děng yi děng, zhǎo ge zuì lǐxiǎng de.

父亲：时间 要 抓紧 哪！
Fùqin：Shíjiān yào zhuājǐn na!

女儿：您 放 心 吧，爸爸，大海 里 的 鱼 多 着 呢，总 有 一 条 会 上 钩 的。
Nǚ'ér：Nín fàng xīn ba, bàba, dàhǎi li de yú duō zhe ne, zǒng yǒu yì tiáo huì shàng gōu de.

父亲：可是，鱼饵 放久了 就 没有 味道 了。
Fùqin：Kěshì, yú'ěr fàngjiǔle jiù méiyǒu wèidao le.

（上）钩 （shàng）gōu （swallow）the bait
鱼饵 yú'ěr bait

Fishing

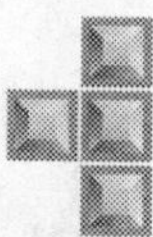

Father：My daughter，why don't you get married?

Daughter：I've had 20 boyfriends，but none of them satisfied me. I would rather wait some more time to find the ideal one.

Father：You'd better hurry up.

Daughter：Don't worry，dad，there are plenty fish in the sea，and there must be at least one swallow the bait.

Father：But，my dear，the bait will lose its smell if kept too long.

47 时机 Shíjī

母亲 离 婚 已经 十六 年 了，
Mǔqin lí hūn yǐjing shíliù nián le,

女儿 离 婚 也 有 五 年 了。她们 在
nǚ'ér lí hūn yě yǒu wǔ nián le. Tāmen zài

谈论 择偶 的 时机。
tánlùn zé'ǒu de shíjī.

女儿 ：妈妈，我们 这样 的 女人
Nǚ'ér ：Māma, wǒmen zhèyàng de nǚrén

什么 时候 是 择偶 的 最
shénme shíhou shì zé'ǒu de zuì

佳 时机？
jiā shíjī?

母亲 ：这个 问题 我 已经 考虑 很 久
Mǔqin ：Zhège wèntí wǒ yǐjing kǎolǜ hěn jiǔ

了。像 我们 这样 的
le. Xiàng wǒmen zhèyàng de

年纪，找 丈夫 就 像 在
niánjì, zhǎo zhàngfu jiù xiàng zài

停车场 找 车位，一旦 有
tíngchēchǎng zhǎo chēwèi, yídàn yǒu

人 把 车 开走，你 就 立即 开
rén bǎ chē kāizǒu, nǐ jiù lìjí kāi

过去，绝不能 放过。
guoqu，jué bù néng fàngguò.

时机 shíjī opportunity
择偶 zé'ǒu find a spouse

The Best Time

The mother had divorced for 16 years, and her daughter also got divorced 5 years ago. One day, they were talking about the time to find a husband.

Daughter："Mom, when is the best time to find a husband for women like us?"

Mother："I've been thinking it over for years. Women at our age, to find a husband is like to find a parking position in a parking place—once there is anybody who drives off, you have to rush in right away. Never miss it."

48 耳朵很背 Ěrduo Hěn Bèi

火车 上，一 位 年轻人 和 一
Huǒchē shang, yí wèi niánqīngrén hé yí
位 老太太 面 对 面 坐着。年轻人
wèi lǎotàitai miàn duì miàn zuòzhe. Niánqīngrén
嚼着 口香糖，一会儿 看看
jiáozhe kǒuxiāngtáng, yíhuìr kànkan
窗外，一会儿 看看 老太太。过了
chuāngwài, yíhuìr kànkan lǎotàitai. Guòle
一会儿，老太太 开 口 说：“年轻人，
yíhuìr, lǎotàitai kāi kǒu shuō: “Niánqīngrén,
你 最好 不要 跟 我 谈 话，我 的
nǐ zuìhǎo bú yào gēn wǒ tán huà, wǒ de
耳朵 很 背，你 刚才 说了 那么 多
ěrduo hěn bèi, nǐ gāngcái shuōle nàme duō

话，我一句也没听见啊！”
huà, wǒ yí jù yě méi tīngjiàn a!”

背	bèi	deaf
面对面	miàn duì miàn	face to face
嚼	jiáo	chew
口香糖	kǒuxiāngtáng	chewing gum

Deaf Ears

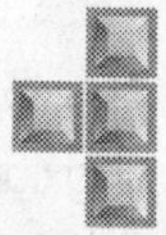

A young man sat on the opposite to an old lady on the train. He looked out of the window for a while and looked at the old lady for a while, chewing a gum in his month. After some time, the old lady said to him: "Young man, you'd better not talk to me any more. I have deaf ears. I didn't catch a single word of what you've been talking all the time."

49 三个妇女 Sān Ge Fùnǚ

三个妇女在谈论年纪大了带来的麻烦。
Sān ge fùnǚ zài tánlùn niánjì dà le dàilái de máfan.

其中一个说："我经常走到冰箱前，却忘了自己是要把东西放进去还是要拿出来。"
Qízhōng yí ge shuō: "Wǒ jīngcháng zǒudào bīngxiāng qián, què wàngle zìjǐ shì yào bǎ dōngxi fàng jìnqu háishi yào ná chulai."

第二个说："唉，那有什么，我经常走到楼梯口，不知道自己是要上楼还是刚刚从楼上下来。"
Dì-èr ge shuō: "Ài, nà yǒu shénme, wǒ jīngcháng zǒudào lóutīkǒu, bù zhīdào zìjǐ shì yào shàng lóu háishi gānggāng cóng lóushàng xiàlai."

第三个高兴地说："我还没有遇到过像你们这样的
Dì-sān ge gāoxìng de shuō: "Wǒ hái méiyǒu yùdàoguo xiàng nǐmen zhèyàng de

问题。”她 一边 敲着 桌子 一边 说。
wèntí.” Tā yìbiān qiāozhe zhuōzi yìbiān shuō.
“嗯?”她 一下子 站了 起来,“有 人
“Én?” Tā yíxiàzi zhànle qǐlai, “Yǒu rén
敲 门。”
qiāo mén.”

Three Women

Three women were talking about the troubles that being aged had brought.

One of them started: “Sometimes I get to the fridge but couldn't remember whether I want to put things in or get them out.”

The second one said: “Oh, that's nothing. Sometimes I go to the stairs but couldn't remember whether I should go up or I'd just got down from it.”

“I haven't had any problems like yours.” The third one said cheerfully while knocking the table with her fingers. “Er?” she raised suddenly, “Somebody's knocking at the door!”

50 两百 万 零 九 年
Liǎngbǎi Wàn Líng Jiǔ Nián

导游 正在 带领 游客 参观
Dǎoyóu zhèngzài dàilǐng yóukè cānguān
博物馆。
bówùguǎn.

“这些 化石 已经 有 两百 万 零
“Zhèxiē huàshí yǐjing yǒu liǎngbǎi wàn líng
九 年 的 历史 了。”导游 介绍 说。
jiǔ nián de lìshǐ le.” Dǎoyóu jièshào shuō.

“请问 你们 是 用 什么 方法
“Qǐngwèn nǐmen shì yòng shénme fāngfǎ
把 化石 鉴定 得 这样 精确 的?”一
bǎ huàshí jiàndìng de zhèyàng jīngquè de?” Yí
位 游客 赞叹 地 问。
wèi yóukè zàntàn de wèn.

“这 很 容易,”导游 回答 说,“我
“Zhè hěn róngyì,” dǎoyóu huídá shuō, “wǒ
来 的 时候 它 已经 有 两百 万 年
lái de shíhou tā yǐjing yǒu liǎngbǎi wàn nián
了,而 我 在 这儿 工作了 九 年 了。”
le, ér wǒ zài zhèr gōngzuòle jiǔ nián le.”

导游	dǎoyóu	tour guide
博物馆	bówùguǎn	museum
化石	huàshí	petrifaction
鉴定	jiàndìng	identify
精确	jīngquè	accurate

2000009 Years

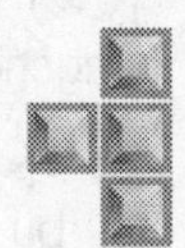

The tour guide was leading the tourists visiting the museum.

"These petrifactions have had a history of 20 thousand and 9 years," introduced the guide.

"Could you please tell me how could you identify them so accurately?" Asked one of the tourists, gasping in admiration.

"That's easy," answered the guide, "they'd already existed for 2 million years when I began to work here 9 years before."

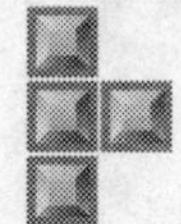

51 挤牛奶 Jǐ Niúnǎi

一位 大学生 暑假 到 叔叔 的
Yí wèi dàxuéshēng shǔjià dào shūshu de
农场 打工。一 天，叔叔 问 他
nóngchǎng dǎ gōng. Yì tiān, shūshu wèn tā
会 不 会 挤 牛奶，大学生 说："我
huì bu huì jǐ niúnǎi, dàxuéshēng shuō: "Wǒ
是 大学生，没有 什么 不 会 的。"
shì dàxuéshēng, méiyǒu shénme bú huì de."
叔叔 就 交给 他 一 只 凳子，让 他
Shūshu jiù jiāogěi tā yì zhī dèngzi, ràng tā
去 挤 牛奶。过了 三 个 多 小时，他
qù jǐ niúnǎi. Guòle sān ge duō xiǎoshí, tā
终于 回来 了。叔叔 问："怎么 这么
zhōngyú huílai le. Shūshu wèn: "Zěnme zhème
久？" 大学生 答道："挤 牛奶 很
jiǔ?" Dàxuéshēng dádào: "Jǐ niúnǎi hěn
容易，但 要 让 牛 坐 在 凳子 上
róngyì, dàn yào ràng niú zuò zài dèngzi shang
比较 麻烦。"
bǐjiào máfan."

打工　　dǎ gōng　　work part-time
凳子　　dèngzi　　stool

Milk the Cow

A university student worked in his uncle's farm as a part time job during his holidays. One day, his uncle asked if he could milk. He replied with confidence: "I'm a university student. Nothing's difficult for me." Then his uncle handed him a stool and let him go to milk the cow. Three hours passed and he finally came back. His uncle asked: "How come did it take so long?" the student answered: "To milk the cow is quite easy, but it's rather difficult to make it sit on the stool."

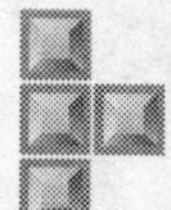

52 百 分 之 七十五
Bǎi Fēn zhī Qīshíwǔ

“明天 的 降水 概率 是 百 分
“Míngtiān de jiàngshuǐ gàilǜ shì bǎi fēn
之 七十五。” 气象台 的 一 个
zhī qīshíwǔ.” Qìxiàngtái de yí ge
工程师 在 介绍 明天 的 天气。
gōngchéngshī zài jièshào míngtiān de tiānqì.

“你们 是 怎么 把 降水 概率
“Nǐmen shì zěnme bǎ jiàngshuǐ gàilǜ
计算 得 这样 精确 的?” 一 个
jìsuàn de zhèyàng jīngquè de?” Yí ge
朋友 问。
péngyou wèn.

“这 很 容易,” 工程师 回答
“Zhè hěn róngyì,” gōngchéngshī huídá
说,“我们 办公室 一共 有 十 个
shuō, “wǒmen bàngōngshì yígòng yǒu shí ge
人,有 七 个 人 认为 明天 会 下 雨,
rén, yǒu qī ge rén rènwéi míngtiān huì xià yǔ,
两 个 人 认为 不 会 下 雨,另 一 个
liǎng ge rén rènwéi bú huì xià yǔ, lìng yí ge
弃权 了,所以 降水 概率 就是 百 分
qìquán le, suǒyǐ jiàngshuǐ gàilǜ jiùshi bǎi fēn

之 七十五。”
zhī qīshíwǔ.”

降水概率	jiàngshuǐ gàilǜ	probability of precipitation
气象台	qìxiàngtái	observatory
工程师	gōngchéngshī	engineer
弃权	qìquán	waive one's right in a competition

Seventy-five Percent

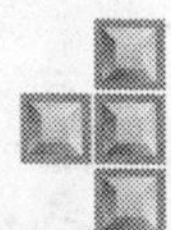

"The probability of precipitation tomorrow is 75%." An engineer of observatory was forecasting the weather of the next day.

"How could you calculate the probability of precipitation so accurately?" a friend of his asked curiously.

"That's easy," answered the engineer, "there are 10 people in our office, 7 of us thought it'll be rainy tomorrow, 2 thought it won't be, and the last one disclaimed. So the probability of precipitation tomorrow turned out to be 75%."

53 拿破仑 的 牙签
Nápòlún de Yáqiān

一 家 古董店 在 招聘 工作 人员。
Yì jiā gǔdǒngdiàn zài zhāopìn gōngzuò rényuán.

老板 从 地板 上 拣起 一 条 木片，把 它 放 在 红色 的 丝绒 垫子 上，问：“这 是 什么？”
Lǎobǎn cóng dìbǎn shang jiǎnqǐ yì tiáo mùpiàn, bǎ tā fàng zài hóngsè de sīróng diànzi shang, wèn: “Zhè shì shénme?”

第一 个 开 口 说“是 一 条 木片。”老板 瞪了 他 一 眼。
Dì-yī ge kāi kǒu shuō: “Shì yì tiáo mùpiàn.” Lǎobǎn dèngle tā yì yǎn.

另 一 个 说：“是 拿破仑 的 牙签。”
Lìng yí ge shuō: “Shì Nápòlún de yáqiān.”

“很 好，你 现在 就 可以 开始 工作 了。”老板 微笑着 说。
“Hěn hǎo, nǐ xiànzài jiù kěyǐ kāishǐ gōngzuò le.” Lǎobǎn wēixiàozhe shuō.

拿破仑	Nápòlún	Napoleon
牙签	yáqiān	toothpick
古董(店)	gǔdǒng (diàn)	antique (store)
招聘	zhāopìn	hire
拣	jiǎn	pick up
丝绒垫子	sīróng diànzi	velour cushion

Toothpick of Napoleon

An antique store was interviewing job applicants.

The boss picked up a piece of spill from ground and put it on a red velour cushion, and asked: "What's this?"

The first applicant answered: "That's a piece of spill." He won an angry glare of the boss.

Another one said: "That's the toothpick of Napoleon."

"Very good! You can begin working now." The boss smiled.

54 我买两辆
Wǒ Mǎi Liǎng Liàng

一个商人以汽车贿赂
Yí ge Shāngrén yǐ qìchē huìlù

政府官员。
zhèngfǔ guānyuán.

官员说："先生，按照
Guānyuán shuō: "Xiānsheng, ànzhào

政府的规定，我是不能收您
zhèngfǔ de guīdìng, wǒ shì bù néng shōu nín

的礼物的。"
de lǐwù de."

"这样好了，"商人低声
"Zhèyàng hǎo le," shāngrén dīshēng

说，"我按十块钱的价格把这
shuō, "wǒ àn shí kuài qián de jiàgé bǎ zhè

辆车卖给你，怎么样？"
liàng chē mài gěi nǐ, zěnmeyàng?"

官员想了想，说："既然
Guānyuán xiǎngle xiǎng, shuō: "Jìrán

如此，我就买两辆吧。"
rúcǐ, wǒ jiù mǎi liǎng liàng ba."

贿赂	huìlù	bribe
官员	guānyuán	official

I'd Like to Buy Two

A businessman tried to bribe a government official with a car.

The official said: "Mister, I can't accept your present according to the government rules."

"Well, how about this?" the businessman lowed his voice, "I'll sell you this car for 10 bucks, how does it sound?"

The official thought a while and said: "If so, I'd like to buy two."

55 以前的职业 Yǐqián de Zhíyè

军官 命令 戴维斯："你 去
Jūnguān mìnglìng Dàiwéisī: "Nǐ qù

调查 一下 山姆 参 军 以前 的 职业
diàochá yíxià Shānmǔ cān jūn yǐqián de zhíyè

是 什么。"
shì shénme."

"为 什么?" 戴维斯 问。
"Wèi shénme?" Dàiwéisī wèn.

"因为 他 每 次 射击 后，总 要
"Yīnwèi tā měi cì shèjī hòu, zǒng yào

擦掉 枪 上 的 指纹。"
cādiào qiāng shang de zhǐwén."

军官	jūnguān	officer
戴维斯	Dàiwéisī	Davis
射击	shèjī	shoot
指纹	zhǐwén	fingerprint

The Former Occupation

The military official ordered Davis: "Investigate what Sam did before he join the army."

"Why, sir?" asked Davis.

"'Cause he erases his fingerprints off the gun carefully every time after he shoots."

56 假想 Jiǎxiǎng

军事 学校 操场 上，有 一
Jūnshì xuéxiào cāochǎng shang, yǒu yí

队 学生 正在 练习 跑 步。
duì xuésheng zhèngzài liànxí pǎo bù.

教官 说："你们 可以 假想 自己
Jiàoguān shuō: "Nǐmen kěyǐ jiǎxiǎng zìjǐ

正在 骑着 自行车，就 会 觉得 轻松
zhèngzài qízhe zìxíngchē, jiù huì juéde qīngsōng

多 了。"
duō le."

听了 教官 的 话，一 名 学生
Tīngle jiàoguān de huà, yì míng xuésheng

忽然 一 动 不 动 地 站住 了。
hūrán yí dòng bú dòng de zhànzhù le.

教官 问 他 为 什么 不 跑 了。
Jiàoguān wèn tā wèi shénme bù pǎo le.

"报告 教官，我 的 自行车
"Bàogào jiàoguān, wǒ de zìxíngchē

正在 下 坡。"
zhèngzài xià pō."

假想	jiǎxiǎng	supposition
下坡	xià pō	go downhill

Supposition

At the military school's playground, a covey of students were practicing running.

The drillmaster said: "You may suppose that you are riding a bicycle. That'll make you fell easier."

Hearing this, one of the students stopped his movement in a sudden.

The drillmaster asked him for the reason.

"Sir! My bicycle is going downhill."

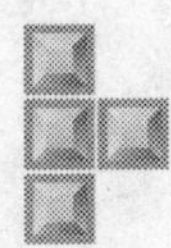

57 招供 Zhāo Gòng

一支苏联考古队从埃及
Yì zhī Sūlián kǎogǔ duì cóng Āijí
带回一具木乃伊，因为无法确定
dàihuí yí jù mùnǎiyī, yīnwèi wúfǎ quèdìng
这具木乃伊已经存在了多长
zhè jù mùnǎiyī yǐjing cúnzàile duō cháng
时间，考古学家们请求克格勃帮
shíjiān, kǎogǔxuéjiāmen qǐngqiú Kègébó bāng
忙。克格勃派来的三个工作
máng. Kègébó pàilái de sān ge gōngzuò
人员在实验室里工作了四十多
rényuán zài shíyànshì li gōngzuòle sìshí duō
分钟，然后告诉考古学家们说，
fēnzhōng, ránhòu gàosu kǎogǔxuéjiāmen shuō,
木乃伊确切的年龄是三千七百
mùnǎiyī quèqiè de niánlíng shì sānqiān qībǎi
一十四岁。考古学家们都非常
yīshísì suì. Kǎogǔxuéjiāmen dōu fēicháng
奇怪，就问克格勃的工作人员
qíguài, jiù wèn Kègébó de gōngzuò rénruán
是怎么得出结论的。
shì zěnme déchū jiélùn de.

"很 简单," 一 个 高 个子 说,
"Hěn jiǎndān," yí ge gāo gèzi shuō,

"他 招 供 了。"
"tā zhāo gòng le."

招供	zhāo gòng	confess
苏联	Sūlián	USSR
考古队	kǎogǔ duì	archeology team
埃及	Āijí	Egypt
木乃伊	mùnǎiyī	mummy
克格勃	Kègébó	KGB

Confession

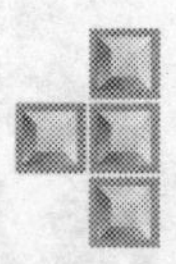

A team of USSR archeologists brought back a mummy from Egypt but found they had difficulties in identifying that how long it had existed. So they asked the KGB for help. The KGB sent 3 guys here for this mission and after working in the lab for 40 minutes, they came out to tell the archeologists that the accurate age of the mummy is 3714 years. The archeologists were so surprised that they asked for the reason.

"Oh, that's simple," said a big guy, "he confessed."

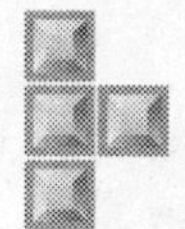

58 夏威夷之旅 Xiàwēiyí zhī Lǚ

“我 丈夫 赢了 两 张 免费 去
“Wǒ zhàngfu yíngle liǎng zhāng miǎnfèi qù
夏威夷 旅游 的 机票，” 一 名 妇女
Xiàwēiyí lǚyóu de jīpiào,” yì míng fùnǚ
向 她 的 婚姻 顾问 抱怨 说，“他
xiàng tā de hūnyīn gùwèn bàoyuàn shuō, “tā
竟然 一 个 人 去了 两 次！”
jìngrán yí ge rén qùle liǎng cì!”

夏威夷	Xiàwēiyí	Hawaii
旅(游)	lǚ(yóu)	trip
顾问	gùwèn	adviser
抱怨	bàoyuàn	complain

Trip to Hawaii

“My husband won two free air tickets to Hawaii,” a woman complained to her marriage adviser, “but he went there twice alone!”

59 不及格 Bù Jí Gé

彼得 要 考 驾驶 执照，口试 时，
Bǐdé yào kǎo jiàshǐ zhízhào, kǒushì shí,
主考官 问：“当 你 看到 一 个 人
zhǔkǎoguān wèn：“Dāng nǐ kàndào yí ge rén
和 一 只 狗 在 车 前，你 是 轧 人
hé yì zhī gǒu zài chē qián, nǐ shì yà rén
还是 轧 狗？”
háishi yà gǒu?”

“当然 是 轧 狗 了。”彼得 回答。
“Dāngrán shì yà gǒu le.” Bǐdé huídá.

主考官 摇了 摇 头 说：“你 不
Zhǔkǎoguān yáole yáo tóu shuō：“Nǐ bù
及 格。”
jí gé.”

彼得 很 不 服气：“我 不 轧 狗，
Bǐdé hěn bù fúqì：“Wǒ bú yà gǒu,
难道 去 轧 人 吗？”
nándào qù yà rén ma?”

“你 应当 刹 车！” 主考官
“Nǐ yīngdāng shā chē!” Zhǔkǎoguān
慢慢 地 说。
mànman de shuō.

驾驶执照	jiàshǐ zhízhào	driving license
主考官	zhǔkǎoguān	chief examiner
轧	yà	hit; roll
服气	fúqì	convinced
刹车	shā chē	put on the brakes

Not Passed

Peter is taking his oral test for the driving license. The officer in charge of the test asked him: "Which one will you hit when you find a man and a dog are in the front of your car?"

"Hit the dog, of course." Answered Peter.

The officer shook his head: "Sorry, You failed the exam."

Peter was not convinced: "Why? Should I rather hit the man than the dog?"

"You should put on the brakes."

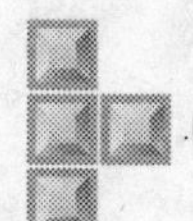

60 我 不 知道 时间
Wǒ Bù Zhīdào Shíjiān

一位 先生 把 车 停 在 路边
Yí wèi xiānsheng bǎ chē tíng zài lùbiān

想 休息 一下。不 一会儿，一 个 人
xiǎng xiūxi yíxià. Bù yíhuìr, yí ge rén

走 过来 敲 车窗 问 他 几 点 了，
zǒu guolai qiāo chēchuāng wèn tā jǐ diǎn le,

他 看了 看 手表 说 三 点 半 了。
tā kànle kàn shǒubiǎo shuō sān diǎn bàn le.

过了 一会儿 又 有 人 过来 问 时间，
Guòle yíhuìr yòu yǒu rén guòlai wèn shíjiān,

他 就 又 看 表 告诉了 他。一会儿
tā jiù yòu kàn biǎo gàosule tā. Yíhuìr

又 有 人 问 时间，这 位 先生
yòu yǒu rén wèn shíjiān, zhè wèi xiānsheng

实在 受 不 了 了，告诉 他 时间
shízài shòu bu liǎo le, gàosu tā shíjiān

以后 就 写了 一 张 纸条“我 不
yǐhòu jiù xiěle yì zhāng zhǐtiáo “Wǒ bù

知道 时间”，贴 在 车窗 上。没
zhīdào shíjiān”, tiē zài chēchuāng shang. Méi

想到　一会儿 走 过来 一 个 人，他
xiǎngdào yíhuìr　zǒu guolai yí　ge　rén，　tā
敲着　车窗　说：“喂，现在 四　点
qiāozhe chēchuāng shuō：“Wèi，xiànzài sì　diǎn
了，先生！”
le，　xiānsheng！”

实在	shízài	really; honestly
受不了	shòu bu liǎo	can not bear

I Don't Know the Time

A man stopped his car on the roadside to have a rest. Before long, somebody came to knock his window and asked time. He looked at his watch and told him: it's half past 3. After a while, another guy came to ask the same question, he looked at his watch and told him again. Soon another one came again, the man was fed up with that, so after he answered the third guy, he wrote a note and posted it onto his window: "I don't know the time." To his surprise, soon came another guy and knocked his window again: "Hello, it's 4 o'clock now, sir."

61 更糟 Gèng Zāo

“真 傻！你 的 手表 被 抢，
“Zhēn shǎ! Nǐ de shǒubiǎo bèi qiǎng,
为 什么 不 大声 呼救 呢？”
wèi shénme bú dàshēng hūjiù ne?”

“如果 我 张开 嘴 呼救，他们
“Rúguǒ wǒ zhāngkāi zuǐ hūjiù, tāmen
就 会 发现 我 还 有 四 颗 金 牙，那
jiù huì fāxiàn wǒ hái yǒu sì kē jīn yá, nà
就 更 糟 了！”
jiù gèng zāo le!”

呼救	hūjiù	cry out for help
金牙	jīn yá	golden tooth

Even Worse

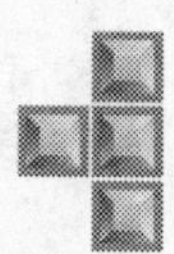

“Silly you! Why didn't you cry out for help when your watch was being robbed?”

“If I opened my mouth to cry, they would find my 4 golden teeth—that would be even worse!”

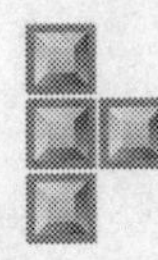

62 新戒指 Xīn Jièzhi

一位小姐刚收到男朋友
Yí wèi xiǎojiě gāng shōudào nánpéngyou
送的新戒指，第二天就戴着去
sòng de xīn jièzhi, dì-èr tiān jiù dàizhe qù
上班。她不停地把手摇来
shàng bān. Tā bù tíng de bǎ shǒu yáolái
摇去，却一直没有人注意她的
yáoqù, què yìzhí méiyǒu rén zhùyì tā de
戒指。中午休息时，大家围坐在
jièzhi. Zhōngwǔ xiūxi shí, dàjiā wéi zuò zài
一起，她忽然站起来说："真热，
yìqǐ, tā hūrán zhàn qilai shuō: "Zhēn rè,
我得把戒指取下来了。"
wǒ děi bǎ jièzhi qǔ xialai le."

摇　　yáo　　shake

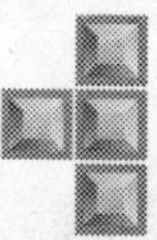

New Ring

A young lady just got a new finger ring from her boyfriend and wore it to work the very next day. She kept shaking her hand all the morning but nobody seemed to have noticed her new ring. During the noon break, when all the fellows were sitting around together, she stood up suddenly: "It's so hot. I have to take off my ring."

63 三个人 Sān Ge Rén

在 一 块 墓碑 上 刻着："这里
Zài yí kuài mùbēi shang kèzhe: "Zhèli
长眠着 一 个 律师，一 个 高尚
chángmiánzhe yí ge lǜshī, yí ge gāoshàng
的 人，一 个 正直 的 人。"有 个 人
de rén, yí ge zhèngzhí de rén." Yǒu ge rén
路过 看到 后 自 言 自 语 地 说：
lùguò kàndao hòu zì yán zì yǔ de shuō:
"真 没 想到 这么 小 的 一 块
"Zhēn méi xiǎngdào zhème xiǎo de yí kuài
地方 竟然 埋着 三 个 人。"
dìfang jìngrán máizhe sān ge rén."

墓碑	mùbēi	tombstone
长眠	chángmián	long sleep
高尚	gāoshàng	noble
正直	zhèngzhí	upright

Three Guys

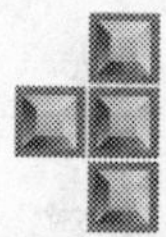

This is what was charactered on a tombstone, "Here slept a lawyer, a noble man, an upright man." A passerby said to himself when he read this, "How could you expect that there are three guys buried in such a small place!"

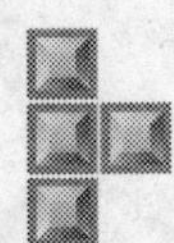

64 使劲喊 Shǐ Jìn Hǎn

牙医：有一件事得麻烦您。我一给您钻牙，您就使劲喊！
Yáyī：Yǒu yí jiàn shì děi máfan nín. Wǒ yì gěi nín zuàn yá, nín jiù shǐ jìn hǎn!

病人：这是为什么？
Bìngrén：Zhè shì wèi shénme?

牙医：你看，再过半小时足球比赛就要开始了，可是外面还等着那么多病人！
Yáyī：Nǐ kàn, zài guò bàn xiǎoshí zúqiú bǐsài jiù yào kāishǐ le, kěshì wàimiàn hái děngzhe nàme duō bìngrén!

钻 zuàn drill

Cry Loudly

Dentist: I've got one thing to bother you. Would you please cry loudly when I drill your tooth later?

Patient: Why?

Dentist: You see, the football match will begin in half an hour, but there are still so many patients waiting outside!

65 免费拔牙 Miǎnfèi Bá Yá

一 天 晚上，一 个 小偷 爬进
Yì tiān wǎnshang， yí ge xiǎotōu pájìn
牙科 医生 家，结果 什么 也 没有
yákē yīshēng jiā， jiéguǒ shénme yě méiyǒu
找到，就 气 急 败 坏 地 向 牙科
zhǎodào， jiù qì jí bài huài de xiàng yákē
医生 要 钱。
yīshēng yào qián.

医生 打着 哈欠 说：“很 遗憾，
Yīshēng dǎzhe hāqian shuō：“Hěn yíhàn，
钱 我 是 没有 的，但 如果 你 不
qián wǒ shì méiyǒu de， dàn rúguǒ nǐ bù
想 白 来 一 次 的 话，我 倒是 可以
xiǎng bái lái yí cì de huà， wǒ dàoshi kěyǐ
免 费 给 你 拔 颗 牙。”
miǎn fèi gěi nǐ bá kē yá.”

气急败坏	qì jí bài huài	flustered and exasperated
免费	miǎn fèi	free

Free Tooth Extraction

One night，a thief crept into a dentist's house but found nothing interesting. He was so angry that he asked the dentist for money directly.

The dentist yawned，"I'm sorry，I have no money myself. But I can pull a tooth out free for you if you don't want to leave with nothing."

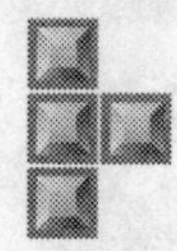

66 画家和诗人 Huàjiā hé Shīrén

"我 不 知道，我 以后 会 成为
"Wǒ bù zhīdào, wǒ yǐhòu huì chéngwéi
画家 还是 诗人。"
huàjiā háishi shīrén."

"当然 是 画家。"
"Dāngrán shì huàjiā."

"你 怎么 知道？你 看过 我
"Nǐ zěnme zhīdào? Nǐ kànguo wǒ
的 画儿？"
de huàr?"

"没有，我 是 看过 你 写 的 诗。"
"Méiyǒu, wǒ shì kànguo nǐ xiě de shī."

画家	huàjiā	painter
诗人	shīrén	poet

Painter or Poet

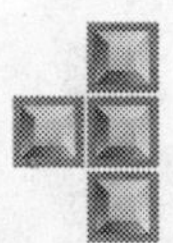

"I'm not sure what I should be in the future — a painter or a poet?"

"A painter, of course!"

"How do you know that? Have you seen my paintings?"

"No, but I've read your poems."

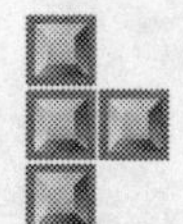

67 我在想别的事
Wǒ Zài Xiǎng Bié de Shì

一个特别健谈的人去朋友家里做客。他滔滔不绝地说着。看到主人不在意的样子，他问道：“我不会使你感到厌烦吧？”

Yí ge tèbié jiàntán de rén qù péngyou jiā li zuò kè. Tā tāotāo bù jué de shuōzhe. Kàndào zhǔrén bú zàiyì de yàngzi, tā wèndào: “Wǒ bú huì shǐ nǐ gǎndào yànfán ba?”

主人回答道：“不会，不会，您继续吧，您不会妨碍我的，我在

Zhǔrén huídá dào: “Bú huì, bú huì, nín jìxù ba, nín bú huì fáng'ài wǒ de, wǒ zài

想　别 的 事。”
xiǎng bié de shì.”

健谈	jiàntán	talkative
滔滔不绝	tāotāo bù jué	pour out words in a steady flow
不在意	bú zàiyì	absent-minded
妨碍	fáng'ài	bother

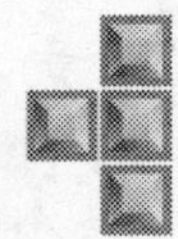

I Was Thinking Something Else

A very talkative guy visited his friend's one day. He kept talking for quite a long time before he noticed that the host seemed to be absent-minded. "Have I bothered you?" he asked.

The host replied: "No, no. Go ahead. You didn't bother me at all—I was thinking of something else."

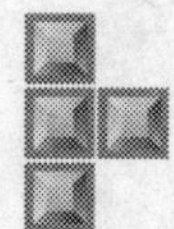

68 买报的狗 Mǎi Bào de Gǒu

狗 的 主人 对 朋友 说：“如果
Gǒu de zhǔrén duì péngyou shuō：“Rúguǒ

你 给 我 的 狗 一些 钱 的 话，它 就
nǐ gěi wǒ de gǒu yìxiē qián de huà，tā jiù

会 去 买 报纸。” 朋友 想 看 个
huì qù mǎi bàozhǐ.” Péngyou xiǎng kàn ge

究竟，就 给了 狗 一些 钱。但 过了
jiūjìng，jiù gěile gǒu yìxiē qián. Dàn guòle

一 个 小时，狗 还 没有 回来。
yí ge xiǎoshí，gǒu hái méiyǒu huílai.

“你 给了 它 多少 钱?” 狗 的
“Nǐ gěile tā duōshao qián?” Gǒu de

主人 问。
zhǔrén wèn.

“一 块 钱。”
“Yí kuài qián.”

“噢，怪 不 得 呢，你 给 它 一
“Ò，guài bu de ne，nǐ gěi tā yí

块 钱，它 准 去 电影院 了。”
kuài qián，tā zhǔn qù diànyǐngyuàn le.”

怪不得	guài bu de	no wonder

The Dog

Someone told his friend that his dog could go to buy newspapers if given the money. His friend wanted to check it, so he gave the dog some money and sent it out. An hour has pasted but it didn't come back yet.

"How much money did you give it?" asked the master.

"One dollar."

"That's the reason! Since you gave it one dollar, it must have gone to the movie!"

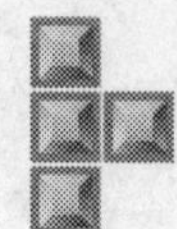

69 婶母 Shěnmǔ

甲：你和玛丽登记了吗？
Jiǎ：Nǐ hé Mǎlì dēngjì le ma?

乙：她不肯嫁给我了。
Yǐ：Tā bù kěn jià gěi wǒ le.

甲：什么？你没有告诉她你叔叔是百万富翁吗？
Jiǎ：Shénme? Nǐ méiyǒu gàosu tā nǐ shūshu shì bǎi wàn fùwēng ma?"

乙：不用了，她现在变成我的婶母了！
Yǐ：Bú yòng le, tā xiànzài biànchéng wǒ de shěnmǔ le!

婶母	shěnmǔ	aunty
百万富翁	bǎi wàn fùwēng	millionaire

Aunty

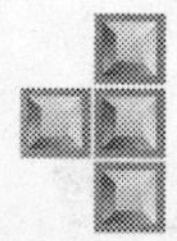

Have you and Mary been married at a registry?

No，she changed her mind.

Why? Didn't you tell her that your uncle is a millionaire?

It's not necessary any more—she's my aunty now.

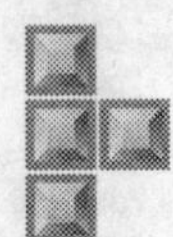

70 “喂”了一声 “Wèi”le Yì Shēng

有 一 天 某 人 看到 他 朋友
Yǒu yì tiān mǒu rén kàndào tā péngyou
两 边 耳朵 都 严重 烫伤，就
liǎng biān ěrduo dōu yánzhòng tàngshāng, jiù
问 她 到底 是 怎么 回 事。
wèn tā dàodǐ shì zěnme huí shì.

“昨天 我 准备 烫 衣服，插好
“Zuótiān wǒ zhǔnbèi tàng yīfu, chāhǎo
熨斗 后，突然 电话铃 响 了，我
yùndǒu hòu, tūrán diànhuàlíng xiǎng le, wǒ
随手 拿起 熨斗 就 ‘喂’ 了
suíshǒu náqǐ yùndǒu jiù ‘wèi’ le
一 声。”
yì shēng.”

“但是 另外 一 边 耳朵 又 是
“Dànshì lìngwài yì biān ěrduo yòu shì

怎么 了？”
zěnme le?”

“那 该死 的 电话铃 又 响了
“Nà gāisǐ de diànhuàlíng yòu xiǎngle

一 次……”
yí cì……”

喂	wèi	hello
某人	mǒu rén	someone
烫伤	tàngshāng	scald
熨斗	yùndǒu	iron
该死	gāisǐ	damn

Just a “Hello”

One day，someone found that both of his friend's ears were badly scalded，so he asked him for the reason.

“I was to iron my clothes yesterday. The telephone was ringing suddenly when I just set up the iron，and I picked up the iron and said，‘hello’...”

“But what happened to the other ear?”

“That damned telephone rang again!...”

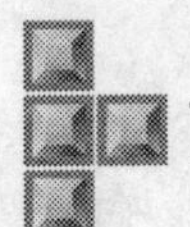

71 如果 我 是 你的 丈夫
Rúguǒ Wǒ Shì Nǐ de Zhàngfu

一位女议员刻薄地对首相
Yí wèi nǚ yìyuán kèbó de duì shǒuxiàng

邱吉尔说："如果我是你的妻子
Qiūjí'ěr shuō: "Rúguǒ wǒ shì nǐ de qīzi

的话，我就在你的咖啡里放上
de huà, wǒ jiù zài nǐ de kāfēi li fàngshang

毒药！"邱吉尔马上回答说：
dúyào!" Qiūjí'ěr mǎshàng huídá shuō:

"如果我是你的丈夫的话，我就
"Rúguǒ wǒ shì nǐ de zhàngfu de huà, wǒ jiù

把它喝下去！"
bǎ tā hē xiaqu!"

女议员	nǚ yìyuán	a female member of Parliament
刻薄	kèbó	caustic
毒药	dúyào	poison

If I Were Your Husband

A female member of Parliament said to Churchill with causticity:"If I were your wife, I would poison your coffee!"

Churchill replied right away:"If I were your husband, I would drink it without hesitation!"

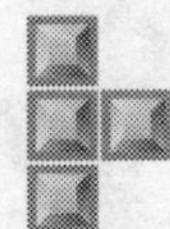

72 莎士比亚 Shāshìbǐyà

一个 年轻人 经常 抄袭 别人 的 作品，却 写上 自己 的 名字 寄 给 报社。一 次，他 来到 报社 询问 自己 寄来 的 一 首 诗 能 不 能 发表。编辑 问 他：“年轻人，这 首 诗 是 你 自己 写 的 吗？”
Yí ge niánqīngrén jīngcháng chāoxí biérén de zuòpǐn, què xiěshang zìjǐ de míngzi jì gěi bàoshè. Yí cì, tā láidào bàoshè xúnwèn zìjǐ jìlái de yì shǒu shī néng bu néng fābiǎo. Biānjí wèn tā: “Niánqīngrén, zhè shǒu shī shì nǐ zìjǐ xiě de ma?”

年轻人 说：“是 的，当然 是 我 自己 写 的。”
Niánqīngrén shuō: “Shì de, dāngrán shì wǒ zìjǐ xiě de.”

编辑 很 有 礼貌 地 站 起来，向 他 伸 手 说：“那么，尊敬 的 莎士比亚，见到 您 我 很 高兴，我
Biānjí hěn yǒu lǐmào de zhàn qilai, xiàng tā shēn shǒu shuō: “Nàme, zūnjìng de Shāshìbǐyà, jiàndào nín wǒ hěn gāoxìng, wǒ

还 以为 您 已经 不 在 人世 了 呢!”
hái yǐwéi nín yǐjing bú zài rénshì le ne!”

莎士比亚	Shāshìbǐyà	Shakespeare
编辑	biānjí	editor
伸(手)	shēn(shǒu)	stretch (a hand)

Shakespeare

A young man often plagiarized others' writings and sent them to the newspaper with his own name on. One day, he went to the newspaper office to find out whether the poem he sent there would be published or not. The editor asked him, "Young man, is this poem written by yourself?"

The young man answered, "Yes, of course."

The editor stood up courteously with his hand reached out, "Then, dear Shakespeare, it's such a great honor to meet you. I thought you'd passed away!"

73 如果你跟我结婚
Rúguǒ Nǐ Gēn Wǒ Jié Hūn

英国 著名 文学家 萧伯纳
Yīngguó zhùmíng wénxuéjiā Xiāobónà
成名 后，收到 许多 异性 追求
chéngmíng hòu, shōudào xǔduō yìxìng zhuīqiú
他的信。一位小姐给萧伯纳的信
tā de xìn. Yí wèi xiǎojiě gěi Xiāobónà de xìn
上 说："……你 想想 看，如果
shang shuō: "……Nǐ xiǎngxiang kàn, rúguǒ
你跟我结婚，我们 生 一 个
nǐ gēn wǒ jié hūn, wǒmen shēng yí ge
孩子，他 像 你 一样 聪明，像 我
háizi, tā xiàng nǐ yíyàng cōngming, xiàng wǒ
一样 漂亮，那 该 多 好 啊！"
yíyàng piàoliang, nà gāi duō hǎo a!"

萧伯纳 写 信 回绝 说："……我
Xiāobónà xiě xìn huíjué shuō: "……Wǒ
担心 那个 孩子 的 运气 不 会 有
dānxīn nàge háizi de yùnqi bú huì yǒu
这么 好。如果你跟我结婚，生下
zhème hǎo. Rúguǒ nǐ gēn wǒ jié hūn, shēngxia
的 孩子 像 我 一样 难看，像 你
de háizi xiàng wǒ yíyàng nánkàn, xiàng nǐ

一样 愚蠢，那 该 多么 可怕 啊!”
yíyàng yúchǔn，nà gāi duōme kěpà a!”

萧伯纳	Xiāobónà	Bernard Shaw
异性	yìxìng	the opposite sex
追求	zhuīqiú	seek；pursue
回绝	huíjué	refuse
愚蠢	yúchǔn	silly；stupid

If You Marry Me

Bernard Shaw，a great British literatus，received many letters from his female admirers after he got his fame. One of them wrote，“Suppose that，how wonderful it'll be—if we get married and have a baby，he will take after your brightness and my beauty.”

Shaw refused her in his reply，“I just worry about that if the poor baby is unlucky to take after my ugliness and your silliness — how dreadful it would be then.”

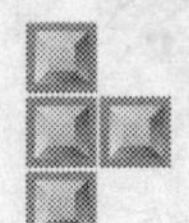

74 跟小狗商量一下
Gēn Xiǎogǒu Shāngliang Yíxià

萧伯纳 一 次 收到 一 个 小
Xiāobónà yí cì shōudào yí ge xiǎo
姑娘 的 来信 说："您 是 我 最 敬佩
gūniang de láixìn shuō："Nín shì wǒ zuì jìngpèi
的 作家，为了 表示 敬意，我 打算
de zuòjiā, wèile biǎoshì jìngyì, wǒ dǎsuan
用 您 的 名字 来 命名 朋友 送
yòng nín de míngzi lái mìngmíng péngyou sòng
我 的 一 只 小狗，不 知 您
wǒ de yì zhī xiǎogǒu, bù zhī nín
是否 同意？"
shìfǒu tóngyì?"

萧伯纳 回 信 说："亲爱 的
Xiāobónà huí xìn shuō："Qīn'ài de
孩子，多 谢 你 的 敬意，我 赞成 你
háizi, duō xiè nǐ de jìngyì, wǒ zànchéng nǐ
的 打算。但 重要 的 是，你 必须
de dǎsuan. Dàn zhòngyào de shì, nǐ bìxū
跟 你 的 小狗 商量 一下，看 它
gēn nǐ de xiǎogǒu shāngliang yíxià, kàn tā
是否 同意。"
shìfǒu tóngyì."

敬佩	jìngpèi	respect
敬意	jìngyì	regard

Discuss It with the Doggie

Shaw once received a letter from a little girl, it said, "you are the writer I respect most. To express my regards to you, do you mind if I name my little doggie — a gift from my friend — after you?"

Shaw replied, "Dear child, thanks for your regards. And I agree with your idea about the name for your little doggie, but what's important is that you should discuss it with the doggie himself to see if he mind it or not."

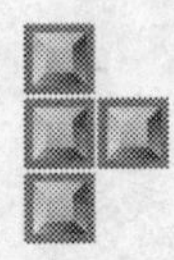

75 环境 Huánjìng

有 位 游客 对 一 位 伦敦人 的
Yǒu wèi yóukè duì yí wèi Lúndūnrén de
狗 感到 很 好奇："为 什么 您 家 的
gǒu gǎndào hěn hàoqí: "Wèi shénme nín jiā de
狗 尾巴 不 是 左 右 摇动，而 是
gǒu wěiba bú shì zuǒ yòu yáodòng, ér shì
上 下 摇动？"
shàng xià yáodòng?"

"我 想 这 是 它 适应 环境 的
"Wǒ xiǎng zhè shì tā shìyìng huánjìng de
缘故 吧，因为 我 家 房间 面积 太
yuángù ba, yīnwèi wǒ jiā fángjiān miànjī tài
小 了。"
xiǎo le."

伦敦	Lúndūn	London
好奇	hàoqí	curious
尾巴	wěiba	tail
适应	shìyìng	fit

The Circumstance

A tourist was very curious about a dog of a London man, "Why does your dog wag his tail up and down instead of from side to side?"

"I think it might because he has to fit himself to the circumstance—there is too little room in my house."

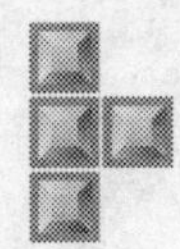

76 恰恰相反 Qiàqià Xiāngfǎn

一个 醉汉 手里 握着 酒 瓶子
Yí ge zuìhàn shǒuli wòzhe jiǔ píngzi
摇摇晃晃 地 撞 在 一个
yáoyao-huànghuàng de zhuàng zài yí ge
行人 身上。
xíngrén shēnshang.

行人：你 没 长 眼睛 吗？怎么 看
Xíngrén: Nǐ méi zhǎng yǎnjing ma? Zěnme kàn
不见 人？
bu jiàn rén?

醉汉：噢，我 把 你 看成 两 个 人
Zuìhàn: Ò, wǒ bǎ nǐ kànchéng liǎng ge rén
了，我 是 想 从 你 俩
le, wǒ shì xiǎng cóng nǐ liǎ
中间 走 过去。
zhōngjiān zǒu guoqu.

恰恰相反	qiàqià xiāngfǎn	on the contrary
握	wò	hold; grasp
摇摇晃晃	yáoyao-huànghuàng	totter

On the Contrary

A drunkard with a wine bottle in his hand tottered to a passerby.

The passerby: "Don't you have your eyes? Didn't you see me?"

The drunkard: "Oh, I took you as two people and tried to pass through between you."

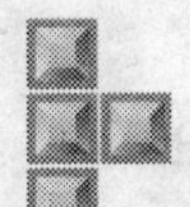

77 你为什么不早说
Nǐ Wèi Shénme Bù Zǎo Shuō

一个 醉汉 叫了 一 辆 出租车
Yí ge zuìhàn jiàole yí liàng chūzūchē
回 旅馆。路上 司机 发现 坐 在
huí lǚguǎn. Lùshang sījī fāxiàn zuò zài
后边 的 客人 正在 一 件 一 件 地
hòubian de kèrén zhèngzài yí jiàn yí jiàn de
脱 衣服。
tuō yīfu.

“你 怎么 了?”他 生 气 地
“Nǐ zěnme le?” Tā shēng qì de
问道,“我们 还 没 到 旅馆!”
wèndào, “Wǒmen hái méi dào lǚguǎn!”

“哦,是 吗?”醉汉 说,“那 你
“Ò, shì ma?” Zuìhàn shuō, “Nà nǐ
为 什么 不 早 说? 我 刚才 都 把
wèi shénme bù zǎo shuō? Wǒ gāngcái dōu bǎ
鞋 脱 在 门口 了。”
xié tuō zài ménkǒu le.”

Why Didn't You Tell Me Earlier?

A drunkard called a taxi back to his hotel. On the way the driver found him taking off his clothes piece by piece.

"Hey, what are you doing there?" the driver asked angrily, "We haven't arrived!"

"Oh, really?" said the drunkard, "Why didn't you tell me earlier? I had taken off my shoes at the door just now."

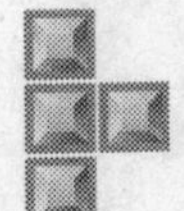

78 “醉”是 什么 意思
“Zuì” Shì Shénme Yìsi

儿子：爸爸，“醉”是 什么 意思？
Érzi：Bàba，“zuì” shì shénme yìsi?

爸爸：你 看，那里 站着 两 个 警察，
Bàba：Nǐ kàn，nàli zhànzhe liǎng ge jǐngchá，

如果 我 把 两 个 警察 看成
rúguǒ wǒ bǎ liǎng ge jǐngchá kànchéng

四 个，那 就 是 醉 了。
sì ge，nà jiù shì zuì le.

儿子：可是 爸爸，那里 只有 一 个
Érzi：Kěshì bàba，nàli zhǐyǒu yí ge

警察 啊！
jǐngchá a!

What Does “Drunk” Mean?

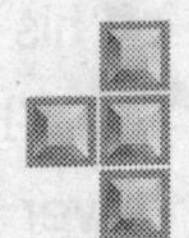

Son：Dad，What does “drunk” mean?

Father：Look，there stand two cops，if I took them as four，then I'd have drunk.

Son：But dad，there is only one of them in fact.

79 早知如此 Zǎo Zhī Rúcǐ

一个 酒鬼 做 梦 搞到 一 瓶
Yí ge jiǔguǐ zuò mèng gǎodào yì píng

好 酒，他 正 打算 热 一 热 再
hǎo jiǔ, tā zhèng dǎsuan rè yi rè zài

慢慢 享受，没 想到 忽然 梦
mànman xiǎngshòu, méi xiǎngdào hūrán mèng

醒 了。酒鬼 后悔 地 说："唉，早 知
xǐng le. Jiǔguǐ hòuhuǐ de shuō: "Ài, zǎo zhī

如此，还 不如 冷着 就 喝 呢！"
rúcǐ, hái bùrú lěngzhe jiù hē ne!"

酒鬼　jiǔguǐ　drunkard

享受　xiǎngshòu　enjoy

If Only I Knew . . .

A drunkard dreamed that he's got a bottle of good wine, but he woke up just when he was to heat and drink it. So he said repentantly, "Hem! If only I knew this, I would rather have drunk it without heating it!"

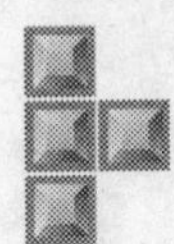

80 指控 Zhǐkòng

"尊敬的法官先生，有人骂
"Zūnjìng de fǎguān xiānsheng, yǒu rén mà

我像一头河马，我指控他
wǒ xiàng yì tóu hémǎ, wǒ zhǐkòng tā

可以吗？"
kěyǐ ma?"

"当然可以，他是什么时候
"Dāngrán kěyǐ, tā shì shénme shíhou

骂你的？"
mà nǐ de?"

"嗯，大约一年半以前。"
"Èn, dàyuē yì nián bàn yǐqián."

"那你为什么不早点指控
"Nà nǐ wèi shénme bù zǎo diǎn zhǐkòng

他呢？"
tā ne?"

“昨天 我 带 儿子 去 动物园
“Zuótiān wǒ dài érzi qù dòngwùyuán

才 知道 河马 那么 难看，它 的 嘴 有
cái zhīdào hémǎ nàme nánkàn, tā de zuǐ yǒu

那么 大。”
nàme dà.”

指控	zhǐkòng	accusation
河马	hémǎ	hippo

Accusation

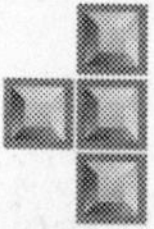

“Your honor, if someone abused me that I was like a hippo, can I indict him?”

“Of course, you can. When did he abuse you?”

“Hm ... about one and a half years ago.”

“Why didn't you indict him earlier?”

“I didn't know how ugly a hippo is, and how big its mouth could be until I took my son to the zoo yesterday.”

81 乞丐的要求 Qǐgài de Yāoqiú

一个乞丐敲门，向开门的太太要一点吃的或者是一点钱。
Yí ge qǐgài qiāo mén, xiàng kāi mén de tàitai yào yìdiǎn chī de huòzhě shì yìdiǎn qián.

“太太，可怜可怜我吧。”乞丐说。
“Tàitai, kělián kělián wǒ ba.” Qǐgài shuō.

“可怜的人，”太太说，“可我实在没有钱，也没有吃的。要是你有什么衣服要缝补的话，我倒可以帮帮忙。”
“Kělián de rén,” tàitai shuō, “kě wǒ shízài méiyǒu qián, yě méiyǒu chī de. Yàoshi nǐ yǒu shénme yīfu yào féngbǔ de huà, wǒ dào kěyǐ bāngbang máng.”

“那好，太太，我这里有一粒纽扣，请你帮忙在上面缝
“Nà hǎo, tàitai, wǒ zhèli yǒu yí lì niǔkòu, qǐng nǐ bāng máng zài shàngmian féng

一 条 裤子 吧。”
yì tiáo kùzi ba.”

乞丐	qǐgài	beggar
缝补	féngbǔ	mend

The Beggar's Request

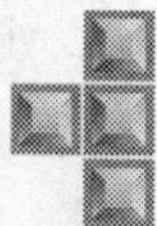

A beggar knocked at the door and asked the lady answered the door to give him some food or some money.

"Kind madam, have some pity on me please." Said the beggar.

"Poor man," said the lady, "but I really don't have any money or food. If you have any clothes need to be mended, I would like to help."

"Well madam, here is a button, would you please sew a pair of trousers onto it?"

82 嫁妆 Jiàzhuang

这天上午，两个乞丐朋友在一家餐厅门口相遇了。
Zhè tiān shàngwǔ, liǎng ge qǐgài péngyou zài yì jiā cāntīng ménkǒu xiāngyù le.

“快祝贺我吧，我终于为女儿订婚了。”
“Kuài zhùhè wǒ ba, wǒ zhōngyú wèi nǚ'ér dìnghūn le.”

“我衷心地祝福你，新郎是……”
“Wǒ zhōngxīn de zhùfú nǐ, xīnláng shì……”

“左耳朵不太好用的比格。”
“Zuǒ ěrduo bú tài hǎoyòng de Bǐgé.”

“人不错，你给了他多少嫁妆？”
“Rén bú cuò, nǐ gěile tā duōshao jiàzhuang?”

“快别问这个了，我把整个希尔顿街和半个牛街交给他
“Kuài bié wèn zhège le, wǒ bǎ zhěnggè Xī'ěrdùn Jiē hé bàn ge Niú Jiē jiāo gěi tā

了，以后 我 再 也 不 能 到 那里 去
le, yǐhòu wǒ zài yě bù néng dào nàli qù

乞讨 了。”
qǐtǎo le.”

嫁妆	jiàzhuang	dowry
比格	Bǐgé	Bigg
希尔顿街	Xī'ěrdùn Jiē	Hilton Road
牛街	Niú Jiē	Ox Road
乞讨	qǐtǎo	beg

The Dowry

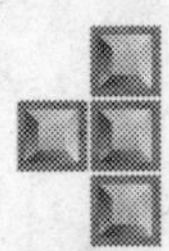

One morning, two beggars met at the gate of a restaurant.

"You'd congratulate me, I finally managed the engagement for my daughter!"

"My hearty congratulations! Who was the lucky man?"

"Bigg, whose left ear is not very well."

"He's not bad. How much did you give him as dowry?"

"Oh, I'd rather not to talk about it. I passed him the whole Hilton Road and half of the Ox Road — I could not go there to beg any longer."

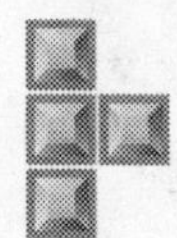

83　两个醉汉 Liǎng Ge Zuìhàn

一 辆 汽车 在 路上 狂 奔。
Yí liàng qìchē zài lùshang kuáng bēn.

"注意！ 前面 要 急 转 弯 了！"
"Zhùyì! Qiánmian yào jí zhuǎn wān le!"

"什么？不 是 你 在 开 车 吗？"
"Shénme? Bú shì nǐ zài kāi chē ma?"

狂奔	kuáng bēn	rush rapidly
急转弯	jí zhuǎn wān	zag turn

Two Drunkards

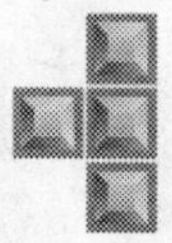

A car was rushing wildly on the road.

"Watch out! There's a zag turn!"

"What? Isn't that you who's driving the car?!"

84 刚刚改行 Gānggāng Gǎi Háng

一位旅客乘一辆出租车
Yí wèi lǚkè chéng yí liàng chūzūchē

回家，半路上他拍了拍司机的
huí jiā, bànlù shang tā pāile pāi sījī de

肩膀想问点事，没想到
jiānbǎng xiǎng wèn diǎn shì, méi xiǎngdào

司机吓得“哇——”地叫了起来。
sījī xià de "wa——" de jiàole qǐlai.

“对不起，”旅客抱歉地说，
"Duì bu qǐ," lǚkè bàoqiàn de shuō,

“我不知道会吓着你……”
"wǒ bù zhīdào huì xiàzhao nǐ……"

“没关系，没关系，一个小
"Méi guānxi, méi guānxi, yí ge xiǎo

误会，”司机 回答，“我 一直 是 开
wùhuì,” sījī huídá, “wǒ yìzhí shì kāi
灵车 的，昨天 刚刚 改 行
língchē de, zuótiān gānggāng gǎi háng
开 出租车。”
kāi chūzūchē.”

改行 gǎi háng change profession
误会 wùhuì misunderstanding
灵车 língchē hearse

Just Changed Profession

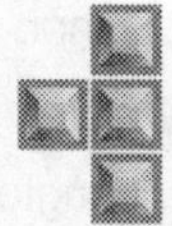

A passenger took a cab to go home. On the half way, he patted the driver to ask something. But unexpectedly, it frightened the driver so badly that he let out a scream.

"Sorry," the passenger said to him with regret, "I didn't expect I might scare you . . . "

"That's OK, that's OK. Just a small misunderstanding," answered the driver, "I used to drive hearses before and just started my new job as a taxi driver yesterday."

85 新手医生 Xīnshǒu Yīshēng

一位新手医生开业不久，一个得了重伤风的人来求医。“医生，”这人请求说，“请替我治好这讨厌的伤风吧。”医生想了一下，然后对他说：“你回去先洗一个澡，然后不要擦干，站在窗前去吹风……”“这怎能医治重伤风呢？”病人怀疑地问。医生答：“但我知道这样一定能使你的伤风变成肺炎，而我对于医治肺炎

Yí wèi xīnshǒu yīshēng kāi yè bùjiǔ, yí ge déle zhòng shāngfēng de rén lái qiúyī. “Yīshēng,” zhè rén qǐngqiú shuō, “qǐng tì wǒ zhìhǎo zhè tǎoyàn de shāngfēng ba.” Yīshēng xiǎngle yíxià, ránhòu duì tā shuō: “Nǐ huíqu xiān xǐ yí ge zǎo, ránhòu bú yào cāgān, zhàn zài chuāng qián qù chuī fēng……” “Zhè zěn néng yīzhì zhòng shāngfēng ne?” Bìngrén huáiyí de wèn. Yīshēng dá: “Dàn wǒ zhīdào zhèyàng yídìng néng shǐ nǐ de shāngfēng biànchéng fèiyán, ér wǒ duìyú yīzhì fèiyán

向来 是 最 拿手 的。”
xiànglái shì zuì náshǒu de.”

新手	xīnshǒu	new hand
开业	kāi yè	start business
医治	yīzhì	cure
重伤风	zhòng shāngfēng	bad cold
肺炎	fèiyán	pneumonia
拿手	náshǒu	be good at

Rookie Doctor

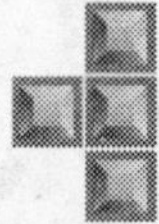

A new doctor had just begun his career not long before a patient came for his bad cold. “Doctor, please help me cure this annoying cold.” The doctor thought a while, then he told the patient, “Take a shower after you go back, then go to the open window directly without wiping your body . . . ” “But, how could this cure the bad cold?” asked the patient doubtfully. The doctor replied, “But this can surely turn your cold into a pneumonia, and I am quite good at curing pneumonia.”

86 妄想 Wàngxiǎng

一个 妄想 自己 是 老鼠 的
Yí ge wàngxiǎng zìjǐ shì lǎoshǔ de
病人 终于 可以 从 精神病 院
bìngrén zhōngyú kěyǐ cóng jīngshénbìng yuàn
里 出来 了。可 他 站 在 医院 门口
li chūlai le. Kě tā zhàn zài yīyuàn ménkǒu
时，却 不 敢 出去。医生 觉得 奇怪，
shí, què bù gǎn chūqu. Yīshēng juéde qíguài,
问 他 原因。
wèn tā yuányīn.

"因为 那边 有 猫。"
"Yīnwèi nàbian yǒu māo."

"可是，你 不 是 已经 知道 自己
"Kěshì, nǐ bú shì yǐjing zhīdào zìjǐ

不 是 老鼠 了 吗?"
bú shì lǎoshǔ le ma?"

"是 的，我 是 知道，但 猫 可能
"Shì de，wǒ shì zhīdào，dàn māo kěnéng

不 知道 啊!"
bù zhīdào a!"

妄想	wàngxiǎng	vainly hope
精神病院	jīngshénbìng yuàn	lunatic asylum

Deliria

A patient who always got the mirage that he was a mouse had finally been able to leave the bughouse. But he was hesitating at the gate of the hospital. The doctor wondered why.

"'Cause there is a cat over there."

"But you've already known that you are not a mouse，haven't you?"

"Yeah，I've known it，but the cat might not."

87 心病难医 Xīnbìng Nán Yī

有个 精神 病人 多 年 来 总
Yǒu ge jīngshén bìngrén duō nián lái zǒng

说 他 胃 里 有 个 啤酒 瓶。
shuō tā wèi li yǒu ge píjiǔ píng.

当 他 因为 肠炎 要 到 医院
Dāng tā yīnwèi chángyán yào dào yīyuàn

开 刀 时，外科 医生 和 精神病 科
kāi dāo shí, wàikē yīshēng hé jīngshénbìng kē

医生 商量 好 借 这个 机会 消除
yīshēng shāngliang hǎo jiè zhège jīhuì xiāochú

他 古怪 的 幻想。
tā gǔguài de huànxiǎng.

病人 慢慢 苏醒 过来， 医生
Bìngrén mànman sūxǐng guolai, yīshēng

举着 一 个 啤酒 瓶 说：“我们 总
jǔzhe yí ge píjiǔ píng shuō: “Wǒmen zǒng

算 把 它 拿 出来 了。”
suàn bǎ tā ná chulai le.”

病人 看了 一会儿，突然 尖声
Bìngrén kànle yíhuìr, tūrán jiānshēng

喊叫 起来："啊……，你们 拿错 了，
hǎnjiào qilai："Ā……，nǐmen nácuò le，

我 肚子 里 的 啤酒 瓶 不 是 这个
wǒ dùzi li de píjiǔ píng bú shì zhège

牌子 的！"
páizi de！"

心病	xīnbìng	mental anguish；worry
肠炎	chángyán	enteritis
消除	xiāochú	dispel；eliminate
古怪	gǔguài	weird
幻想	huànxiǎng	illusion
苏醒	sūxǐng	wake up
牌子	páizi	brand

The Mental Trouble

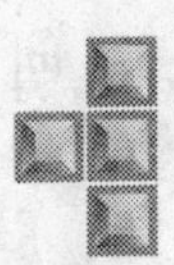

A mental patient had been complaining for years that there was a beer bottle in his stomach.

When he was to have an operation for his enteritis in hospital, the surgeons and the psychologists decided to take the chance to clear up the weird illusion out of his mind.

When the patient woke up after the operation, the doctors held a beer bottle and said to him, "We took it out finally."

The patient looked at it for a while and let out a scream suddenly, "Ah..., you made a mistake, the bottle in my belly was another brand!"

88 来晚了 Láiwǎn le

在 公共 汽车 上，一 位
Zài gōnggòng qìchē shang, yí wèi
先生 发现 小偷 正在 偷 他 的
xiānsheng fāxiàn xiǎotōu zhèngzài tōu tā de
钱包，就 转 头 对 他 说：“朋友，
qiánbāo, jiù zhuǎn tóu duì tā shuō: “Péngyou,
非常 抱歉，你 来晚 了！我 是 今天
fēicháng bàoqiàn, nǐ láiwǎn le! Wǒ shì jīntiān
领了 工资，但 我 太太 下手 比 你
lǐngle gōngzī, dàn wǒ tàitai xiàshǒu bǐ nǐ
快 多 了！”
kuài duō le!”

工资 gōngzī salary

It's Too Late

On the bus, a gentleman found a thief was stealing his wallet. So he turned to him and said, “I'm sorry, my friend, you are too late! I did get my salary today, but my wife was so much quicker than you!”

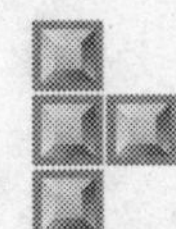

89 新来的 Xīn Lái de

一天，一个 当官 的 想 视察
Yì tiān, yí ge dāngguān de xiǎng shìchá

一下 当地 的 精神病 院。精神病
yíxià dāngdì de jīngshénbìng yuàn. Jīngshénbìng

院 得到了 通知 后，立刻 召集 所有
yuàn dédàole tōngzhī hòu, lìkè zhàojí suǒyǒu

精神病 患者，说："明天 有 人
jīngshénbìng huànzhě, shuō: "Míngtiān yǒu rén

来 检查，到 时候，我 一 说 欢迎，
lái jiǎnchá, dào shíhou, wǒ yì shuō huānyíng,

你们 就 一起 喊 欢迎。" 精神
nǐmen jiù yìqǐ hǎn huānyíng." Jīngshén

病人们 都 说 明白 了。第二 天，
bìngrénmen dōu shuō míngbai le. Dì-èr tiān,

当官 的 来 了。院长 一 下 令，
dāngguān de lái le. Yuànzhǎng yí xià lìng,

所有 精神 病人们 一起 喊：
suǒyǒu jīngshén bìngrénmen yìqǐ hǎn:

"欢迎，欢迎……" 当官 的 非常
"Huānyíng, huānyíng……" Dāngguān de fēicháng

高兴，说："谢谢 大家。" 这 时，
gāoxìng, shuō: "Xièxie dàjiā." Zhè shí,

突然 有 一 个 精神 病人 站 出来
tūrán yǒu yí ge jīngshén bìngrén zhàn chulai
指着 当官 的 说："你 是 新 来 的
zhǐzhe dāngguān de shuō: "Nǐ shì xīn lái de
吧！昨天 不 是 让 你 说 欢迎 吗？
ba! Zuótiān bú shì ràng nǐ shuō huānyíng ma?
你 怎么 还 说 谢谢 呀？"
Nǐ zěnme hái shuō xièxie ya?"

视察	shìchá	survey
当地	dāngdì	local
召集	zhàojí	gather

The New Comer

One day, an officer wanted to survey the local asylum. The asylum gathered all the patients when they got the information and told them, "There will be somebody come to visit us. When they come, say 'welcome' loudly when you hear I say 'welcome'." All the patients showed they got it.

When the officer came the next day, after the dean's word, all the patients shouted loudly, "welcome, welcome ..." the officer was very satisfied and he said, "Thank you. Thank you." Suddenly, one of the patients came out and pointed to the officer, "You must be a new comer! Weren't you told to say 'welcome' yesterday? Why did you still say 'thank you' just now?"

90 蘑菇 Mógu

一家 精神病 院里新来了一
Yì jiā jīngshénbìng yuàn li xīn láile yí
个 病人，四 天 来 这个 病人 没有
ge bìngrén, sì tiān lái zhège bìngrén méiyǒu
说过 一 句 话，他 每 天 的 活动
shuōguo yí jù huà, tā měi tiān de huódòng
就 是 蹲 在 一 把 雨伞 的 下面，
jiù shì dūn zài yì bǎ yǔsǎn de xiàmian,
无论 大夫 说 什么，他 只是 静静
wúlùn dàifu shuō shénme, tā zhǐshi jìngjing
地 蹲 在 那里。为了 弄 明白 原因，
de dūn zài nàli. Wèile nòng míngbai yuányīn,

有一位大夫就也打起一把雨伞，
yǒu yí wèi dàifu jiù yě dǎqǐ yì bǎ yǔsǎn,

蹲在那个病人旁边。前两天
dūn zài nàge bìngrén pángbiān. Qián liǎng tiān

病人对大夫连看也没看一眼。
bìngrén duì dàifu lián kàn yě méi kàn yì yǎn.

第三天下午六点，马上就要下
Dì-sān tiān xiàwǔ liù diǎn, mǎshàng jiù yào xià

班了，病人突然转过头来对
bān le, bìngrén tūrán zhuǎnguo tóu lái duì

大夫说了一句话："你也是
dàifu shuōle yí jù huà: "Nǐ yě shì

蘑菇吗？"
mógu ma?"

蘑菇	mógu	mushroom
蹲	dūn	squat
连……也……	lián……yě……	even

Mushrooms

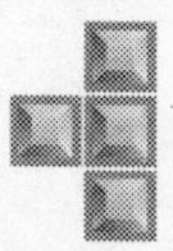

A new patient came into the bughouse. He didn't say a single word for 4 days since he came. All he did was squatting under an umbrella quietly, no matter what the doctors said to him. To find out the reason, one of the doctors also held an umbrella and squatted beside the patient. For the first two days, the patient didn't even looked at the doctor; on the third day, at 6 o'clock in the afternoon just before the doctors were off duties, the patient suddenly turned over his head to the doctor and asked, "Are you a mushroom, too?"

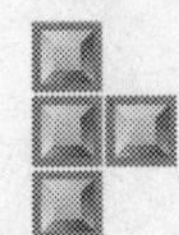

91 搬运 Bānyùn

两 个 搬运 工人 在 楼道 里
Liǎng ge bānyùn gōngrén zài lóudào li

搬运 一 只 大 木 箱。他们 又 推 又
bānyùn yì zhī dà mù xiāng. Tāmen yòu tuī yòu

拉，用尽了 力气，却 始终 无法 移动
lā, yòngjìnle lìqi, què shǐzhōng wúfǎ yídòng

箱子。最后 站 在 门外 的 那个 说：
xiāngzi. Zuìhòu zhàn zài ménwài de nàge shuō:

“算了 算 了，这么 大 的 箱子，看来
“Suànle suàn le, zhème dà de xiāngzi, kànlái

我们 怎么 也 没 法 搬 进去 了。”
wǒmen zěnme yě méi fǎ bān jìnqu le.”

“什么？搬 进来？我 还 以为 要
“Shénme? Bān jìnlai? Wǒ hái yǐwéi yào

搬 出去 呢！”里边 的 那个 人 说。
bān chūqu ne!” Lǐbian de nàge rén shuō.

搬运	bānyùn	move
楼道	lóudào	corridor
木箱	mù xiāng	wooden box
力气	lìqi	strength

Move

Two porters were trying to move a huge wooden box in the corridor. They tried their best pushing and pulling but it didn't move at all. Finally, the one out of the door said, "Let's give it up. It seems too big for us to move it into the room."

"What? Move it in? I thought we are moving it out!" the one inside said.

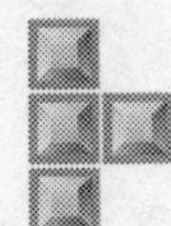

92 肚子 Dùzi

小云 今年 考上了 广州 外国语 大学。开 学 以后 时间 不 长，她 给 家里 写了 一 封 信，信 上 说：“我 刚 来 的 时候 肚子 很 小，见到 谁 都 害怕；现在 我 的 肚子 越 来 越 大 了……”妈妈 看了 以后 非常 吃惊，决定 马上 到 广州 去 看 她。见 面 以后 才 发现 是 小云 把 “胆子” 写成了 “肚子”。

Xiǎo Yún jīnnián kǎoshàngle Guǎngzhōu Wàiguóyǔ Dàxué. Kāi xué yǐhòu shíjiān bù cháng, tā gěi jiāli xiěle yì fēng xìn, xìn shang shuō: “Wǒ gāng lái de shíhou dùzi hěn xiǎo, jiàndào shuí dōu hàipà; xiànzài wǒ de dùzi yuè lái yuè dà le……” Māma kànle yǐhòu fēicháng chījīng, juédìng mǎshàng dào Guǎngzhōu qù kàn tā. Jiàn miàn yǐhòu cái fāxiàn shì Xiǎo Yún bǎ “dǎnzi” xiěchéngle “dùzi”.

肚子 dùzi belly

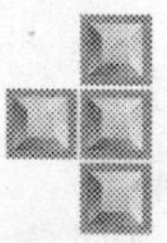

The Belly

Xiao Yun passed the entrance exams and became a student of Guangzhou Foreign Language University. Not long after the semester began, she wrote to her parents and said, "My belly was rather small when I just came, I would be nervous when I met people; but now, my belly becomes bigger and bigger ..." Her mother was so shocked that she decided to go to see her daughter right away. It's clear when they met — Xiao Yun wrote "nerve"(胆子) as "belly"(肚子) by mistake.

93 安娜买帽子 Ānnà Mǎi Màozi

一天，安娜去一家帽子店，想买一顶新式的帽子。服务小姐按她的要求，把最新式的帽子都拿了出来。可安娜对这些帽子都不感兴趣，一连挑了十多顶，一顶也没看中。最后，她拿起放在柜台右边的一顶帽子，看了看，又戴了戴说："这顶还不错，多少钱？"服务小姐客气地说："对不起，这顶是您自己戴来的。"

Yì tiān, Ānnà qù yì jiā màozi diàn, xiǎng mǎi yì dǐng xīnshì de màozi. Fúwù xiǎojiě àn tā de yāoqiú, bǎ zuì xīnshì de màozi dōu nále chūlai. Kě Ānnà duì zhèxiē màozi dōu bù gǎn xìngqù, yìlián tiāole shí duō dǐng, yì dǐng yě méi kànzhòng. Zuìhòu, tā náqǐ fàng zài guìtái yòubian de yì dǐng màozi, kànle kàn, yòu dàile dài shuō: "Zhè dǐng hái búcuò, duōshao qián?" Fúwù xiǎojiě kèqi de shuō: "Duì bu qǐ, zhè dǐng shì nín zìjǐ dàilai de."

安娜	Ānnà	Anna
帽子	màozi	hat
一连	yìlián	in succession
看中	kànzhòng	settle on

Buy a Hat

One day, Anna went to a hat shop to buy a hat of new style. The assistant showed her all the new hats according to her request but none of them attracted Anna. She tried more than ten of them but didn't choose any. At last, she picked up the one on the right of the counter, she looked at it and tried it on, then, she asked, "This one is not bad. How much is it?" The sale assistant answered politely, "Excuse me, that's your own hat."

94 新式自行车 Xīnshì Zìxíngchē

小刘在报上看见一则
Xiǎo Liú zài bào shang kànjiàn yì zé

自行车广告。他特别喜欢那个
zìxíngchē guǎnggào. Tā tèbié xǐhuan nàge

新式车灯的造型，就按地址
xīnshì chēdēng de zàoxíng, jiù àn dìzhǐ

找到那家商店。老板非常
zhǎodào nà jiā shāngdiàn. Lǎobǎn fēicháng

热情地推出一辆，小刘一看，就
rèqíng de tuīchū yí liàng, Xiǎo Liú yí kàn, jiù

惊奇地问：“怎么？自行车上
jīngqí de wèn: “Zěnme? Zìxíngchē shang

没有车灯？广告上不是
méiyǒu chēdēng? Guǎnggào shang bú shì

明明有的吗？”
míngmíng yǒu de ma?”

“是的，先生。只是那车灯
“Shì de, xiānsheng。Zhǐshì nà chēdēng

不包括在这价格内，它是附件。”
bù bāokuò zài zhè jiàgé nèi, tā shì fùjiàn.”

老板 回答。
Lǎobǎn huídá.

“不 包括?” 小 刘 生 气 地 说,“为 什么 不 包括, 广告 上 有,就 应该 包括!”
“Bù bāokuò?” Xiǎo Liú shēng qì de shuō, “Wèi shénme bù bāokuò, guǎnggào shang yǒu, jiù yīnggāi bāokuò.”

“那 广告 里 的 车 上 还 有 一 位 姑娘 呢!” 老板 平静 地 说。
“Nà guǎnggào li de chē shàng hái yǒu yí wèi gūniang ne!” Lǎobǎn píngjìng de shuō.

造型	zàoxíng	model
附件	fùjiàn	accessory

A Bicycle of New Style

Xiao Liu saw a piece of ad of a bicycle on newspaper. He was very fond of the model of its light, so he found the shop according to the address. But Xiao Liu was surprised when he saw the vehicle that the boss took out fervidly, "What happened? Where is the light of it? I saw it clearly on the ad!"

"Yes, sir, but it is not included in the price you saw — it's an accessory."

"Not included?" Xiao Liu said angrily, "Why not? Of course it should be included if it's on the ad!"

"But, there was a young girl on the ad as well!" replied the boss calmly.

95 聪明　的 翻译
Cōngming de Fānyì

一位 教授 被 邀请 在 日本 一
Yí wèi jiàoshòu bèi yāoqǐng zài Rìběn yì

所 大学 举办 一 个 讲座，讲座
suǒ dàxué jǔbàn yí ge jiǎngzuò, jiǎngzuò

过程 中 教授 讲到了 一 个
guòchéng zhōng jiàoshòu jiǎngdàole yí ge

笑话。让 教授 奇怪 的 是，他
xiàohua. Ràng jiàoshòu qíguài de shì, tā

花了 几 分钟 讲 的 笑话，翻译 仅
huāle jǐ fēnzhōng jiǎng de xiàohua, fānyì jǐn

讲了 一两 句 话 听众 就 哄 堂
jiǎngle yì-liǎng jù huà tīngzhòng jiù hōng táng

大 笑 了。讲座 后 教授 问起 翻译
dà xiào le. Jiǎngzuò hòu jiàoshòu wènqǐ fānyì

是 如何 做到 如此 简练 的，"这 很
shì rúhé zuòdào rúcǐ jiǎnliàn de, "Zhè hěn

简单，"翻译 说，"我 只是 说：
jiǎndān," fānyì shuō, "wǒ zhǐshì shuō:

'教授 先生 刚才 讲了 一 个
'Jiàoshòu xiānsheng gāngcái jiǎngle yí ge

笑话，请 大家 笑 一 笑 吧。’”
xiàohua，qǐng dàjiā xiào yi xiào ba.’”

举办	jǔbàn	hold
讲座	jiǎngzuò	lecture
听众	tīngzhòng	audience
哄堂大笑	hōng táng dà xiào	all the audience roaring with laughter
简练	jiǎnliàn	concisely

Smart Translator

A professor was invited to give a lecture in a Japanese university. The professor told a joke in the course of the lecture but to his surprise, he spent quite a few minutes to tell it while the audience began laughing after the translator said something in just one or two sentences. After the lecture, the professor asked the translator how he made it so concisely. "It's easy," said the translator, "I just told them, 'the professor told a joke just now, please laugh.'"

96 哪儿 都 漂亮
Nǎr Dōu Piàoliang

英国 某 公司 经理 布朗
Yīngguó mǒu gōngsī jīnglǐ Bùlǎng
先生 来 中国 洽谈 一 笔 生意。
xiānsheng lái Zhōngguó qiàtán yì bǐ shēngyì.
公司 派 张 明 和 他 的 爱人 到
Gōngsī pài Zhāng Míng hé tā de àiren dào
机场 迎接 布朗 先生。 当 张
jīchǎng yíngjiē Bùlǎng xiānsheng. Dāng Zhāng
明 向 布朗 先生 介绍 自己 的
Míng xiàng Bùlǎng xiānsheng jièshào zìjǐ de
爱人 时，布朗 先生 礼貌 地 说：
àiren shí, Bùlǎng xiānsheng lǐmào de shuō:
"您 的 夫人 真 漂亮。" 张 明
"Nín de fūren zhēn piàoliang." Zhāng Míng
客气 地 说： "哪里，哪里。" 没
kèqi de shuō: "Nǎli, nǎli." Méi
想到 翻译 把 他 的 话 直接 翻成：
xiǎngdào fānyì bǎ tā de huà zhíjiē fānchéng:
"Where? Where?" 布朗 先生 听
Bùlǎng xiānsheng tīng
后 很 奇怪，心 想，我 说 您 夫人
hòu hěn qíguài, xīn xiǎng, wǒ shuō nín fūren

漂亮， 不过 是 一 句 客气 话，您
piàoliang， búguò shì yí jù kèqi huà， nín

怎么 能 让 我 说出 她 哪儿 漂亮
zěnme néng ràng wǒ shuōchū tā nǎr piàoliang

呢？布朗 先生 只好 说：“全身
ne? Bùlǎng xiānsheng zhǐhǎo shuō：“Quánshēn

上下， 哪儿 都 漂亮。”
shàngxià， nǎr dōu piàoliang.”

布朗	Bùlǎng	Brown
洽谈	qiàtán	hold talks
直接	zhíjiē	directly

Everywhere

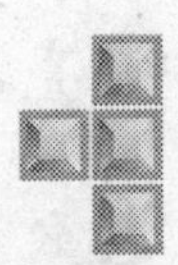

Mr. Brown was a manager of a British company. He once came to China for business. The Chinese company sent Zhang Ming and his wife to meet Mr. Brown at the airport. When Zhang Ming introduced his wife to Mr. Brown, he replied politely, "Your wife is very beautiful." Zhang Ming answered politely as well, "Nali, Nali (Just so so.)" Unexpectedly, the translator translated it directly into: "Where? Where?" Mr. Brown was very surprised, he thought, "I said your wife is beautiful. That's just a polite greeting. How could you ask me to tell in details where are the beautiful parts of her?" At last, Mr. Brown found his words, "Well, everywhere."

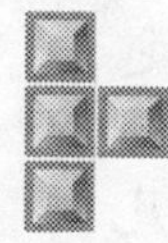

97 打喷嚏 Dǎ Pēnti

一个 老汉 干 活 回来，告诉
Yí ge lǎohàn gàn huó huílai, gàosu
老伴 说：“我 今天 回 家 一 路 上
lǎobàn shuō: “Wǒ jīntiān huí jiā yí lù shang
都 在 打 喷嚏。”
dōu zài dǎ pēnti.”

老伴 说：“那 是 因为 我 一直
Lǎobàn shuō: “Nà shì yīnwèi wǒ yìzhí
在 家 里 想 你。”
zài jiā li xiǎng nǐ.”

一 天，老汉 过 一 座 独木桥，
Yì tiān, lǎohàn guò yí zuò dúmùqiáo,
一连 打了 好 几 个 喷嚏，差 一点
yìlián dǎle hǎo jǐ ge pēnti, chà yìdiǎn
掉到 河 里。过 桥 后 老汉 生气
diàodào hé li. Guò qiáo hòu lǎohàn shēng qì
地 说：“这个 老 东西，就是 想 我，
de shuō: “Zhèige lǎo dōngxi, jiùshi xiǎng wǒ,
也 得 看看 是 什么 时候！”
yě děi kànkan shì shénme shíhou!”

又 一 天，老汉 去 干 活，走 在
Yòu yì tiān, lǎohàn qù gàn huó, zǒu zài

前边 的 一 个 人 一连 打了 好 几 个
qiánbian de yí ge rén yìlián dǎle hǎo jǐ ge

喷嚏，老汉 非常 生 气："这个 老
pēnti, lǎohàn fēicháng shēng qì: "Zhège lǎo

东西，等 我 回 家 再 跟 你
dōngxi, děng wǒ huí jiā zài gēn nǐ

算 账！"
suàn zhàng!"

打喷嚏	dǎ pēnti	sneeze
独木桥	dúmùqiáo	single-log bridge
算账	suàn zhàng	get even with

Sneeze

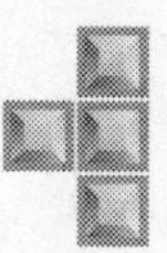

An old man said to his wife after work, "I kept sneezing on the way home today."

His wife said, "That's because I was missing you at home."

One day, the old man sneezed a couple of sneezes when he was crossing a small one-wood bridge and almost fell himself into the water. After he got across, he was very angry, "That old thing, even if you miss me, you'd choose the right time!"

Another day, the old man was on the way to work, the guy walked in front of him sneezed some sneezes that made the old man very angry, " That old thing, just wait till I go back ..."

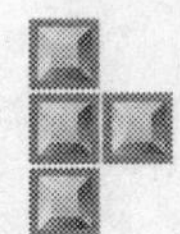

98 是多少钱 Shì Duōshao Qián

张姐 问 李姐："听说，你 又
Zhāngjiě wèn Lǐjiě："Tīngshuō, nǐ yòu

和 丈夫 吵 架 啦？"
hé zhàngfu chǎo jià la?"

李姐 说："气死 我 了，三 天
Lǐjiě shuō："Qìsǐ wǒ le, sān tiān

两 头 地 总 找 我 要 钱，真 是
liǎng tóu de zǒng zhǎo wǒ yào qián, zhēn shì

贪 得 无 厌。你 看， 上 周日，他
tān dé wú yàn. Nǐ kàn, shàng zhōurì, tā

向 我 要 五十 元；周一，又 要
xiàng wǒ yào wǔshí yuán; zhōuyī, yòu yào

三十 元； 昨天，又 要 六十 元；
sānshí yuán; zuótiān, yòu yào liùshí yuán;

今天，又 要 七十 元；这 里 外 里 是
jīntiān, yòu yào qīshí yuán; zhè lǐ wài lǐ shì

多少 钱 哪！"
duōshao qián na!"

张姐："你 先 别 着 急，你 有
Zhāngjiě："Nǐ xiān bié zháo jí, nǐ yǒu

没有 问过 他 要 这么 多 钱
méiyǒu wènguo tā yào zhème duō qián

干 什么？”
gàn shénme?”

李姐：“我 没 问， 反正 我 一
Lǐjiě： “Wǒ méi wèn, fǎnzhèng wǒ yí

次 也 没有 给过 他！”
cì yě méiyǒu gěiguo tā!”

三天两头	sān tiān liǎng tóu	all the time
贪得无厌	tān dé wú yàn	inordinately greedy
反正	fǎnzhèng	anyway

How Much Altogether

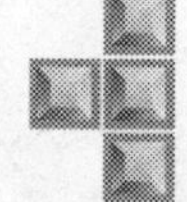

Mrs. Zhang asked Mrs. Li,“I heard that you quarreled with your husband again.”

Mrs. Li：“He drove me mad by asking me for money all the time, and never get enough. See, he asked for 50 last Sunday, and 30 on Monday, and 60 yesterday, and 70 today. How much would it be altogether?”

Mrs. Zhang：“Don't worry. Didn't you ask him what he needed all the money for?”

Mrs. Li：“No, I didn't. I didn't give him any money at all, any way.”

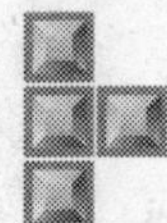

99 安眠药 Ānmiányào

鲍勃 晚上 失眠，上班 迟到
Bàobó wǎnshang shīmián，shàngbān chídào
两 次 以后 老板 建议 他 去 看
liǎng cì yǐhòu lǎobǎn jiànyì tā qù kàn
医生。医生 给 他 开了 一些
yīshēng. Yīshēng gěi tā kāile yìxiē
强效 安眠药。
qiángxiào ānmiányào.

星期天 晚上 鲍勃 吃了 药，
Xīngqītiān wǎnshang Bàobó chīle yào,
睡 得 很 好。在 闹钟 响 之前 他
shuì de hěn hǎo. Zài nàozhōng xiǎng zhīqián tā
醒 了。他 来到 公司，见到 老板 后
xǐng le. Tā láidào gōngsī, jiàndào lǎobǎn hòu
说："我 今天 早上 起 床 一点
shuō："Wǒ jīntiān zǎoshang qǐ chuáng yìdiǎn
麻烦 都 没有。"
máfan dōu méiyǒu."

"那 你 星期一、星期二 到 哪儿
"Nà nǐ xīngqīyī、xīngqī'èr dào nǎr
去 了?" 老板 吼道。
qù le?" Lǎobǎn hǒudào.

鲍勃	Bàobó	Bob
安眠药	ānmiányào	Soporific
闹钟	nàozhōng	alarm clock
吼	hǒu	roar

The Soporific

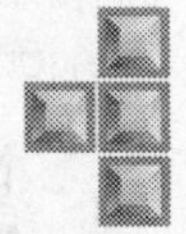

Bob couldn't fall asleep at night. After he was late for work twice, his boss advised him to see a doctor. The doctor gave him some effective soporific.

Bob took the soporific on Sunday night and had a very good sleep. He woke up in the morning before the clock alarm rang and went to his company. When he saw his boss, Bob told him that he didn't have any problem in getting up that morning.

"But, where were you on Monday and Tuesday?" his boss roared.

100 打赌 Dǎ Dǔ

小明 和 小华 正在 看 晚间 新闻。
Xiǎo Míng hé Xiǎo Huá zhèngzài kàn wǎnjiān xīnwén.

画面 上 一 名 男子 在 高楼 上 想 跳 楼 自杀。
Huàmiàn shang yì míng nánzǐ zài gāolóu shàng xiǎng tiào lóu zìshā.

小明：你 猜 他 会 不 会 跳？
Xiǎo Míng：Nǐ cāi tā huì bu huì tiào?

小华：不 会！
Xiǎo Huá：Bú huì!

小明：我 说 他 会！我们 来 打 赌，二百 元！好 不 好？
Xiǎo Míng：Wǒ shuō tā huì! Wǒmen lái dǎ dǔ, èrbǎi yuán! Hǎo bu hǎo?

小华：OK！我 跟 你 赌！
Xiǎo Huá：Wǒ gēn nǐ dǔ!

画面 上 男子 跳了 下去。
Huàmiàn shang nánzǐ tiàole xiàqu.

小 华 就 给 了 小 明 二百 元。
Xiǎo Huá jiù gěile Xiǎo Míng èrbǎi yuán.

五 分钟 后，小 明 良心 不安
Wǔ fēnzhōng hòu, Xiǎo Míng liángxīn bù'ān
地 对 小 华 说："这 二百 元 还 给
de duì Xiǎo Huá shuō: "Zhè èrbǎi yuán huái gěi
你 吧，其实 我 中午 看过 报道，
nǐ ba, qíshí wǒ zhōngwǔ kànguo bàodào,
所以 知道 他 会 跳。"
suǒyǐ zhīdào tā huì tiào."

小 华 说："不，二百 元 是
Xiǎo Huá shuō: "Bù, èrbǎi yuán shì
属于 你 的，因为 我 中午 也 看过
shǔyú nǐ de, yīnwèi wǒ zhōngwǔ yě kànguo
报道，只是 不 知道 他 为 什么 还
bàodào, zhǐshì bù zhīdào tā wèi shénme hái
要 再 跳 一 次？"
yào zài tiào yí cì?"

打赌	dǎ dǔ	bet
自杀	zìshā	commit suicide
良心	liángxīn	conscience
报道	bàodào	report

Betting

Xiao Ming and Xiao Hua were watching the TV news.

There was a guy standing on the top of a high building in a tendency to commit suicide.

Xiao Ming: "Guess if he would jump or not?"

Xiao Hua: "He won't."

Xiao Ming: "I say he will. Let's bet on it for 200 dollars, what do you think?"

Xiao Hua: "OK. I bet with you!"

The guy in the screen jumped down.

So Xiao Hua paid Xiao Ming 200 dollars.

After 5 minutes, Xiao Ming felt guilty and told Xiao Hua: "Here is your 200 dollars. In fact, I saw the news at noon time and knew that he jumped."

Xiao Hua: "No, the money is yours. 'Cause I saw the news at noon time too, but didn't know why he would do it again."

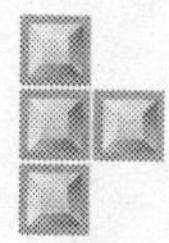

101 赌徒 Dǔtú

一对赌徒在酒馆相识。甲对乙说："我能用我的牙咬我的左眼，你信不信？"乙说："我不信！"甲说："那咱们赌一百元钱，谁输了谁给钱。"
Yí duì dǔtú zài jiǔguǎn xiāngshí. Jiǎ duì Yǐ shuō: "Wǒ néng yòng wǒ de yá yǎo wǒ de zuǒ yǎn, nǐ xìn bu xìn?" Yǐ shuō: "Wǒ bú xìn!" Jiǎ shuō: "Nà zánmen dǔ yìbǎi yuán qián, shuí shūle shuí gěi qián."

只见甲取出他的左眼球
Zhǐ jiàn Jiǎ qǔchū tā de zuǒ yǎnqiú

放到 嘴里 咬了 一下，说：
fàngdào zuǐli yǎole yíxià, shuō:
“怎么样，你 输 了，给 钱 吧！”乙
“Zěnmeyàng, nǐ shū le, gěi qián ba!” Yǐ
给了 甲 一百 元 钱，正 想 离开，
gěile jiǎ yìbǎi yuán qián, zhèng xiǎng líkāi,
甲 又 说：“我 还 能 用 我 的 牙 咬
Jiǎ yòu shuō: “Wǒ hái néng yòng wǒ de yá yǎo
我 的 右 眼球，你 信 不 信？”乙 想
wǒ de yòu yǎnqiú, nǐ xìn bu xìn?” Yǐ xiǎng
他 明明 看 得 见 东西，怎么 可能
tā míngmíng kàn de jiàn dōngxi, zěnme kěnéng
两 只 眼球 都 是 假 的 呢？于是 就
liǎng zhī yǎnqiú dōu shì jiǎ de ne? Yúshì jiù
说：“我 不 信！”甲 说：“那 咱们 赌
shuō: “Wǒ bú xìn!” Jiǎ shuō: “Nà zánme dǔ
二百 元 钱，谁 输了 谁 给 钱。”乙
èrbǎi yuán qián, shuí shūle shuí gěi qián.” Yǐ
说：“行！”
shuō: “Xíng!”

这 次，甲 从 嘴里 取出 他 的
Zhè cì, Jiǎ cóng zuǐli qǔchū tā de
假牙 放到 他 的 右 眼球 上 夹了
jiǎyá fàngdào tā de yòu yǎnqiú shàng jiāle

一下，说："怎么样，你又输了，给
yíxià, shuō: "Zěnmeyàng, nǐ yòu shū le, gěi

钱吧！"乙只好认倒霉，又给了
qián ba!" Yǐ zhǐhǎo rèn dǎo méi, yòu gěile

甲二百元钱。
Jiǎ èrbǎi yuán qián.

赌徒	dǔtú	gambler
酒馆	jiǔguǎn	bar
咬	yǎo	bite
眼球	yǎnqiú	eyeball
倒霉	dǎo méi	have bad luck

The Gamblers

Two gamblers met in a bar. A said to B, "I could bite my left eyeball. Do you believe that?" B said, "No, I don't!" A said, "Let's bet on it. The loser will pay 100 dollars."

A took out his left eyeball, put it into his mouth, bited at it, and said, "See? You lost,

Give me the money!" So B gave A 100 dollars and was leaving. But A said to B again, "I could bite my right eyeball too, do you believe me?" B thought that definitely he could see, so it couldn't be that both of his eyeballs were fake. So he said, "I don't believe you!" A said, "Let's bet on it for 200 dollars." B answered, "All right!"

This time, A took out his fake tooth from his mouth and nipped his right eye with it. He said, "How is it? You lost again, give me the money!" B had to admit his bad luck and paid the money.

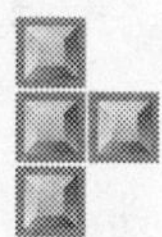

102 女人必备 Nǚrén Bì Bèi

首先 你要 漂亮。
Shǒuxiān nǐ yào piàoliang.

你 要是 不 漂亮，那么 你 要 有 气质。
Nǐ yàoshi bú piàoliang, nàme nǐ yào yǒu qìzhì.

你 要是 没 气质，那么 你 要 温柔。
Nǐ yàoshi méi qìzhì, nàme nǐ yào wēnróu.

你 要是 不 温柔，那么 你 要 善 解 人 意。
Nǐ yàoshi bù wēnróu, nàme nǐ yào shàn jiě rén yì.

你 要是 不 太 善 解 人 意，那么 你 要 长 得 还 可以。
Nǐ yàoshi bú tài shàn jiě rén yì, nàme nǐ yào zhǎng de hái kěyǐ.

你 要是 长 得 有点 抱歉，
Nǐ yàoshi zhǎng de yǒudiǎn bàoqiàn,

那么 你 起码 要 会 打扮。
nàme nǐ qǐmǎ yào huì dǎban.

你 要是 连 打扮 都 不 懂，那么
Nǐ yàoshi lián dǎban dōu bù dǒng, nàme
你 就 得 贤慧 一点。
nǐ jiù děi xiánhuì yìdiǎn.

你 要是 不 贤慧，那么 你 就 得
Nǐ yàoshi bù xiánhuì, nàme nǐ jiù děi
跟 妈妈 学 做 点 家务事。
gēn māma xué zuò diǎn jiāwùshì.

你 要是 连 学 都 懒得 学，那么
Nǐ yàoshi lián xué dōu lǎn de xué, nàme
你 就 要 拉下 脸“倒 追”男人。
nǐ jiù yào lāxià liǎn “dào zhuī” nánrén.

你 要是 连“倒 追”都 不 会，
Nǐ yàoshi lián “dào zhuī” dōu bú huì,
那么 你 最好 家里 有 钱。
nàme nǐ zhuìhǎo jiāli yǒu qián.

你 要是 家里 连 钱 都 没有，
Nǐ yàoshi jiāli lián qián dōu méiyǒu,
那么…… 你 就 靠“缘分”吧！
nàme…… nǐ jiù kào “yuánfèn” ba!

气质	qìzhì	temperament
温柔	wēnróu	tender
善解人意	shàn jiě rén yì	understanding
打扮	dǎban	dress up
贤慧	xiánhuì	virtuous
家务事	jiāwùshì	housework
拉下脸	lāxià liǎn	give up one's dignity
缘份	yuánfèn	predestined affinity

What Women Must Be

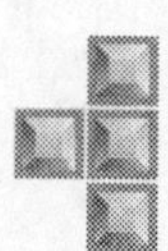

First of all, you must be pretty.

If you are not pretty, you must be elegant.

If you are not elegant, you must be tender.

If you are not tender, you must be understanding.

If you are not so understanding, your looking must be OK.

If your looking is not OK, you should be

at least fashionable.

If you are not even fashionable, you have to be virtuous.

If you are not so virtuous, you should learn how to keep a house from your mother.

If you are too lazy to learn it, you have to give up your dignity to go after man.

If you even don't know how to go after man , then you'd better have a rich family.

If you don't even have a rich family, then . . . you have to wait for your luck.

103 男人必备 Nánrén Bì Bèi

首先 你 要 帅。
Shǒuxiān nǐ yào shuài.

你 要是 不 帅，那么 你 要 有 钱。
Nǐ yàoshi bú shuài, nàme nǐ yào yǒu qián.

你 要是 没 钱，那么 你 要 高。
Nǐ yàoshi méi qián, nàme nǐ yào gāo.

你 要是 不 高，那么 你 要 会 说 话。
Nǐ yàoshi bù gāo, nàme nǐ yào huì shuō huà.

你 要是 不 会 说 话，那么 你 要 幽默。
Nǐ yàoshi bú huì shuō huà, nàme nǐ yào yōumò.

你 要是 不 会 幽默，那么 你 起码 也 要 懂得 幽默。
Nǐ yàoshi bú huì yōumò, nàme nǐ qǐmǎ yě yào dǒngde yōumò.

你 要是 连 幽默 都 不 懂，那么
Nǐ yàoshi lián yōumò dōu bù dǒng, nàme

你 就 得 体贴 一点。
nǐ jiù děi tǐtiē yìdiǎn.

你 要是 不 会 体贴，那么 你 就 要 温柔 一点。
Nǐ yàoshi bú huì tǐtiē, nàme nǐ jiù yào wēnróu yìdiǎn.

你 要是 连 温柔 都 不 会，那么 你 就 要 酷 一点。
Nǐ yàoshi lián wēnróu dōu bú huì, nàme nǐ jiù yào kù yìdiǎn.

你 要是 酷 不 起来，那么 你 就 要 装 得 老实 一点。
Nǐ yàoshi kù bu qǐlái, nàme nǐ jiù yào zhuāng de lǎoshi yìdiǎn.

你 要是 看 起来 就 不 老实，那么…… 你 就 靠“运气”吧！
Nǐ yàoshi kàn qilai jiù bù liǎoshi, nàme…… nǐ jiù kào “yùnqi” ba!

帅	shuài	handsome
幽默	yōumò	humor; humorous
体贴	tǐtiē	caring
酷	kù	cool
老实	lǎoshi	honest
运气	yùnqi	luck

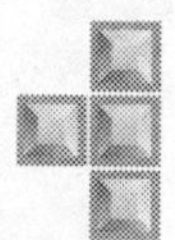

What Men Must Be

First of all, you must be handsome.

If you are not handsome, you must be rich.

If you are not rich, you must be tall.

If you are not tall, you must be a good conversation partner.

If you are not a good conversation partner, you must be humorous.

If you are not humorous, at least you must understand the humor.

If you don't even understand the humor, you must be caring.

If you are not caring, you must be tender.

If you are not even tender, you must be cool.

If you are not able to be cool, you must pretend to be honest.

If you don't look honest, then ... you have to wait for your luck.

104 问候语 Wènhòuyǔ

老外 比尔 退 休 后 来 中国
Lǎowài Bǐ'ěr tuì xiū hòu lái Zhōngguó
学 汉语，第一 课 学会了 问候语。
xué Hànyǔ, dì-yī kè xuéhuìle wènhòuyǔ.
刚 出 教室，在 电梯 里 遇到 一 位
Gāng chū jiàoshì, zài diàntī li yùdào yí wèi
小姐，比尔 殷勤 地 问候了 一 句"你
xiǎojiě, Bǐ'ěr yīnqín de wènhòule yí jù "Nǐ
吗 好"，小姐 给了 他 一 个 白眼；
ma hǎo", xiǎojiě gěile tā yí ge báiyǎn;
比尔 不 死 心，想了 想 又 问了 一
Bǐ'ěr bù sǐ xīn, xiǎngle xiǎng yòu wènle yí
句"好 你 吗"，小姐 又 瞪了 他 一
jù "Hǎo nǐ ma", xiǎojiě yòu dèngle tā yì

眼。出了 电梯 后，比尔 终于 想会
yǎn. Chūle diàntī hòu, Bǐ'ěr zhōngyú xiǎnghuì

了，在 大街 上 追上 小姐，大声
le, zài dàjiē shang zhuīshang xiǎojiě, dàshēng

叫道："吗(妈)，你 好!"
jiàodào: "Mā, nǐ hǎo!"

问候语	wènhòuyǔ	greetings
退休	tuì xiū	retire
电梯	diàntī	lift
殷勤	yīnqín	eagerly attentive
白眼	báiyǎn	supercilious look
死心	sǐ xīn	abandon the idea altogether
瞪	dèng	glare

The Greetings

Bill came to China to learn Chinese after he retired. He learned the greetings at the first lesson, and tried to use it when he met a young lady in the lift just after class. Bill said to her with eager attentiveness, "Ni Ma

Hao?" the young lady showed him a supercilious look; Bill didn't give up, after thinking a while, he asked again, "Hao Ni ma?"She gave him a glare; Bill finally got it after they got out of the lift, so he caught up with the young lady and spoke loudly, "Ma, Nihao!" (Mom, How do you do!")